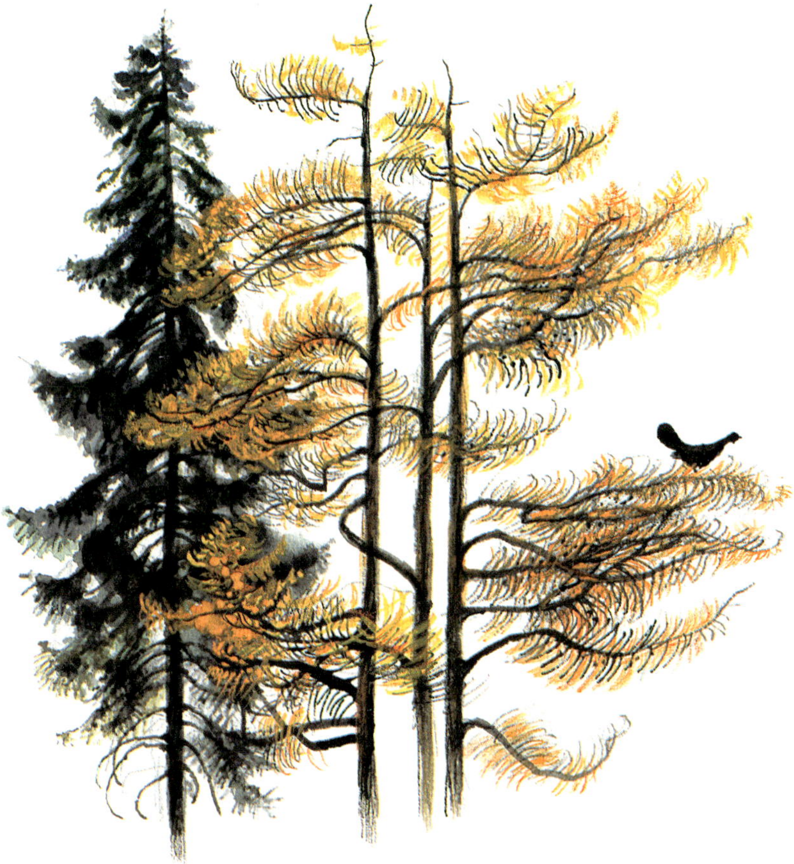

Viktor Astafjew
WASJUTKA UND DER TAIGASEE

Viktor Astafjew

Wasjutka und der Taigasee

Die Geschichte eines Fischerjungen aus Sibirien

Textbearbeitung: Maria Luise Völter

Mit Bildern von Nikolai Ustinov

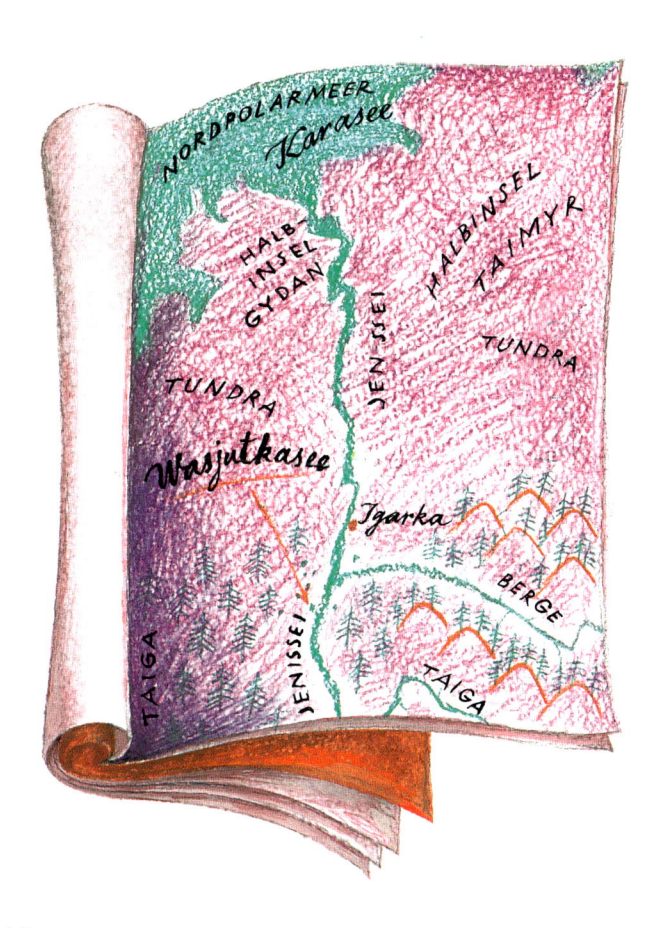

Österreichischer Bundesverlag

© Verlag J. F. Schreiber, Postfach 285, 7300 Esslingen
© der deutschsprachigen Ausgabe: Österreichischer Bundesverlag Wien
Alle Rechte vorbehalten.
ISBN 3-215-07173-8

Wasjutka und der Taigasee

Es ist kaum zu glauben, aber das gibt es noch in unseren Tagen: ein Junge entdeckt einen See, von dem niemand etwas weiß und der noch keinen Namen hat.
Nicht bei uns in Mitteleuropa, beileibe nein, da gibt es keine unbekannten Seen mehr. Da ist alles vermessen und kartographiert, und wer meint, er habe nur das kleinste Seelein neu entdeckt, der irrt: es ist bestimmt schon jemand dagewesen. Aber weit in Asien drin, da, wo der mächtige Jenissei seine Wassermassen durch die endlose Taiga schiebt, kann man noch unbekannte Seen finden. Verloren liegen sie in der Weite des

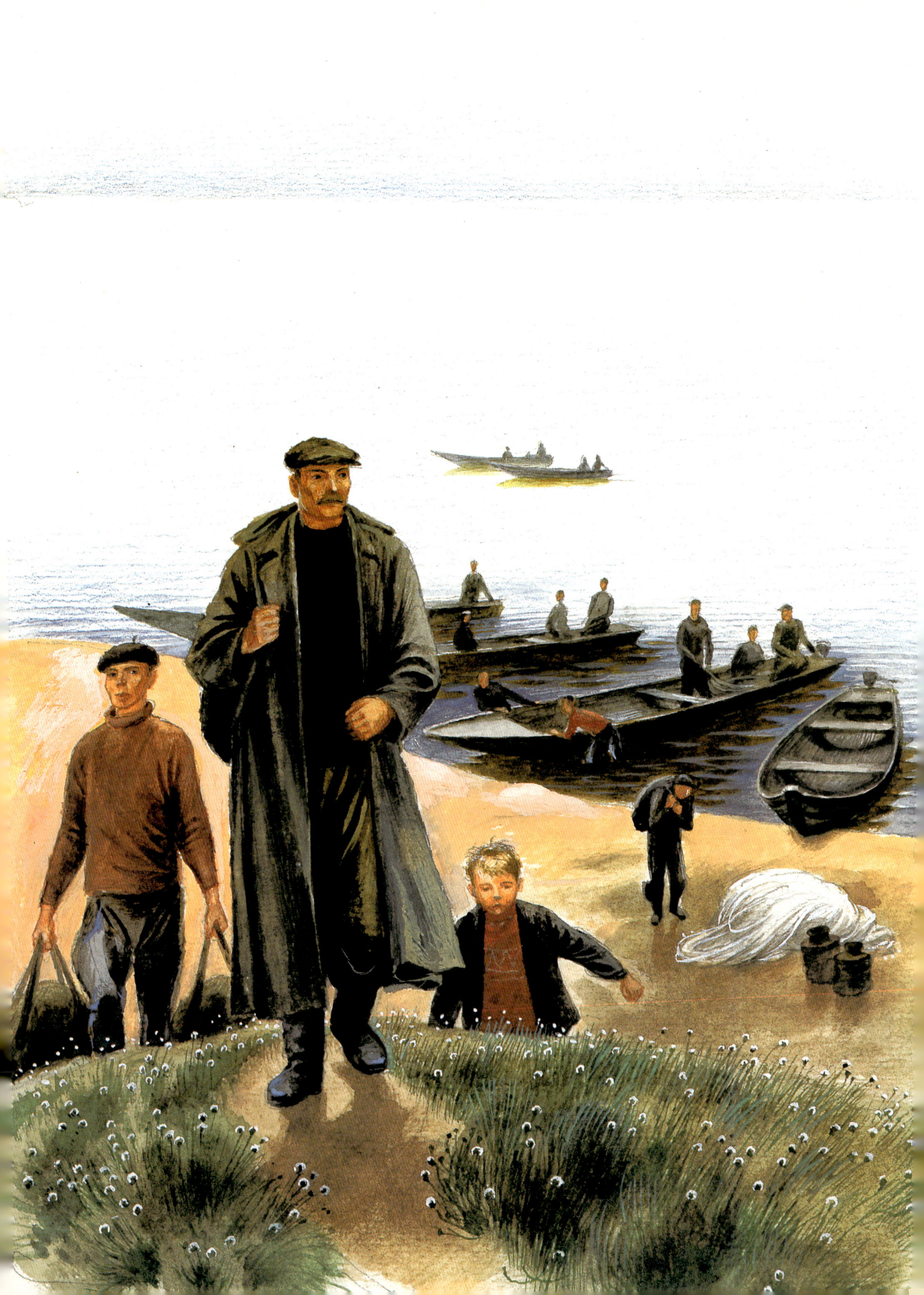

Waldes, und als ob des Geheimnisvollen nicht genug wäre, verstecken sie sich noch hinter einem Gürtel aus Espen, Erlen und Schilf. Nur die Enten wissen von ihnen – und manche Fische. Doch davon später.

„Wir haben kein Glück mehr", seufzte Afanasi, Wasjutkas Großvater, und schöpfte sich eine Kelle roten Borschtsch aus der großen Suppenschüssel. „Unser Mütterchen Jenissei ist ein armer Fluß geworden. Früher, da kamen die Fische in Schwärmen. Man brauchte sie bloß herauszuziehen. Aber jetzt! Dampfer und Motorboote knattern herum und verscheuchen alles, was lebt." „Quatsch keinen Unsinn, Väterchen", fuhr Gregori Afanasewitsch dazwischen, „Wasjutka glaubt zuletzt noch, was du faselst!"

Der Großvater widersprach: „Und ich sage, daß Wasjutkas Kinder den Stör nur noch aus dem Bilderbuch kennen werden."

„Du weißt so gut wie ich, Väterchen, daß das Hochwasser schuld ist, wenn wir nichts in die Netze bekommen", erwiderte Gregori und rührte heftig einen Klacks fetten Sauerrahm unter die Suppe. „Die Fische vergraben sich im tiefen Schlamm des Flusses, und unsere Netze erreichen sie nicht. Erzähl bloß nicht länger das Märchen von den Motorbooten!" Der alte Afanasi ließ sich nicht beirren: „Ich weiß, was ich weiß", murmelte er starrsinnig und wischte sich mit dem Ärmel die Suppenreste aus dem Bart. „Ruhig Blut", versuchte die Mutter zu beschwichtigen, „vorläufig seid ihr noch alle satt geworden!" Dann räumte sie die leere Suppenschüssel ab. Wasjutka legte vorsichtig den Löffel neben den Teller und machte sich lautlos aus dem Staub.

„Daß sich die Alten immer streiten müssen", dachte er, „ob Hochwasser oder Motorboote, das macht doch keinen Unterschied! Ich will mal sehen, ob Onkel Koljada besserer Laune ist."

Draußen war es trotz der Mittagszeit grau und düster. Feiner Regen nieselte aus den tiefhängenden Wolken. Der Jenissei zog träge in seinem kilometerbreiten Bett dahin. Wasser und Himmel verwoben sich, ehe der Blick das jenseitige Ufer erreichte.

Als Wasjutka zum Hafen kam, sah er, daß die Fischer aus der Arbeitsgruppe seines Vaters mißmutig herumlungerten. Es gab nichts zu tun für sie. Onkel Koljada war der Älteste in Gregoris Brigade und der Kapitän des Motorschiffes. Wasjutka mochte seinen Onkel Koljada. Der war immer zu einem Spaß aufgelegt, und mit ihm konnte der Junge über Dinge reden, die ihm zu Hause in Gegenwart des Vaters nie über die Lippen kommen würden.

Onkel Koljada saß nachdenklich auf der Kommandobrücke und lächelte, als er den Jungen sah. „Ach, Wasjutka, du bist's. Bringst du auch kein besseres Wetter mit? Wenn das so weitergeht, kann unsere Brigade nie so viele Fische fangen, wie es der Plan verlangt." „Jetzt fängt der auch schon an!" dachte Wasjutka enttäuscht, „da zieh ich besser Leine!"

Aber so einfach kam er von Onkel Koljada nicht fort. „Übrigens, gut, daß du da bist! Ich habe dir die Schulbücher aus der Stadt mitgebracht."

„Heute bleibt mir aber auch gar nichts erspart", sagte Wasjutka. „Schulbücher! Die Ferien dauern noch drei Wochen."

„Sagt ja auch keiner, daß du dich gleich blindlesen sollst!" Onkel Koljada lachte. Wasjutka tat einen tiefen Seufzer, nahm die Bücher und trollte sich.

Endlich, nach vielen Tagen, lichtete sich der Nebel, und es klarte auf. Der Südwind glättete auf wundersame Weise die Sorgenfalten auf Gregoris Gesicht. „Auf, Männer, wir fahren flußabwärts! Vielleicht haben wir im Norden mehr Glück!"

Bald tuckerten die Boote auf dem breiten Rücken des Jenissei dahin. Onkel Koljada folgte mit seinem Motorschiff. Weit, immer weiter hieß Gregori seine Brigade fahren. Aber die Netze füllten sich nicht.

Als der Fluß eine Biegung machte, befahl er, ans Ufer zu steuern und die Boote an Land zu ziehen. „Männer!" sprach er, „weiter werden wir nicht fahren, wir kämen bis zum Nördlichen Eismeer, ohne einen Fisch zu fangen. Dort drüben steht eine Hütte, die Geologen vor einiger Zeit verlassen haben. Hier wollen wir eine Weile bleiben und unser Glück versuchen. Entladet die Boote und räumt eure Sachen auf. Morgen geht's an die Arbeit, und dann zeigt ihr, was ihr könnt!" Dann nahm Gregori seine Schultertasche auf und ging mit festen Schritten auf die Hütte zu.

Sorgfältig untersuchte er die Holzwände des Häuschens und stieg unters Dach, um ein paar lose Schindeln zurechtzurücken. „Alles in Ordnung", sagte er zu seiner Frau, „mach ein Feuer und koch den Fischern eine kräftige Suppe!"

In den nächsten Tagen gab es alle Hände voll zu tun. Die langen Netze, in denen sich die wertvollen Störe verfangen sollten, mußten im Fluß quer zur Strömung ausgelegt werden.

Dann galt es zu warten.

Jeden Morgen fuhren die Fischer hinaus, um die Netze zu prüfen. Aber die Schwärme von Stören blieben aus. Einsilbig saßen die Männer am Ufer. Sie knüpften neue Netze oder flickten die alten. Dann strichen sie die Boote mit Pech aus. Dann prüften sie die Anker. Und dann fuhren sie wieder zu den Netzen hinaus.

Die Störe blieben fort.

Es war ein trübes Dasein. Keine Arbeitsfreude, kein Wagemut strahlte aus den Gesichtern der herben Männer wie früher, wenn sie zentnerschwere Netze aus dem Wasser zogen und mit viel Ach und Hauruck die silbrigen Fischleiber in die Boote hievten.

Gregoris Blick war strenger denn je. Er

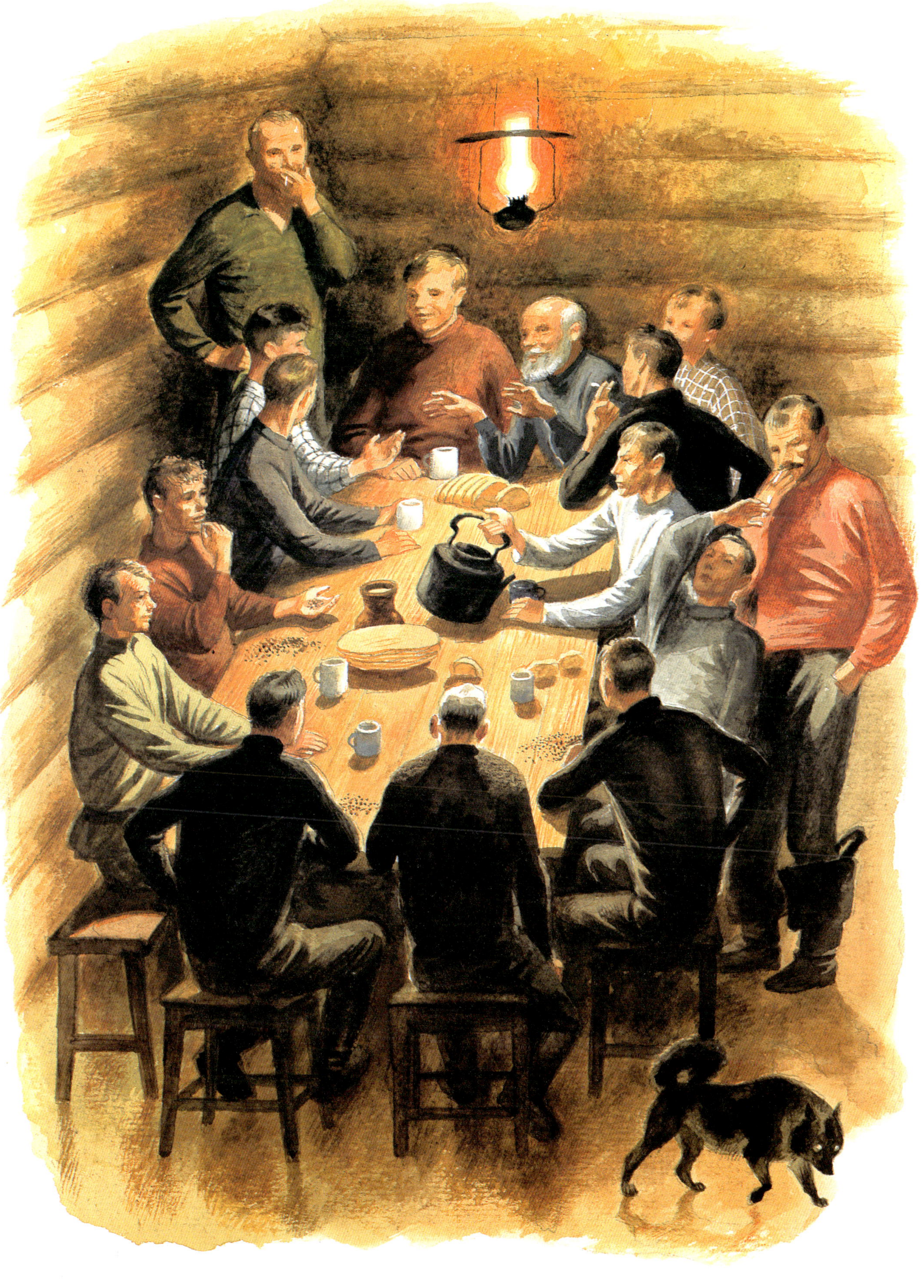

ging am Ufer auf und ab, kontrollierte, gab hier und da kurze Anweisungen. Wasjutka schien es, als schaute sein Vater immer über ihn hinweg oder durch ihn hindurch. Er kam sich in seiner Gegenwart klein und überflüssig vor.

Es waren langweilige Tage für ihn und seinen Großvater. Der eine war zu jung, der andere zu alt, als daß man ihre Arbeit ernst genommen hätte. Obwohl Wasjutka doch schon ein eigenes Gewehr besaß. Das rechnete Wasjutka dem Vater hoch an: Zu seinem 12. Geburtstag hatte er ihm ein Gewehr geschenkt!

Der Großvater pflegte stundenlang vor dem Haus zu sitzen und auf den Fluß hinauszublicken. Ab und zu gesellte sich Wasjutka zu ihm, nahm sein Gewehr auseinander, putzte alle Teile und setzte es wieder zusammen. „Wasjutka", sagte der Großvater, „du kannst es mir glauben: der Jenissei ist nicht mehr, wie er einmal war. Da ist zuviel Schmutz drin, aus den Städten..."

„Großvater, hör auf mit deinem Gejammere! Es ist das Hochwasser, bald geht es zurück, dann fangen sie wieder Fische."

„Ich weiß, was ich weiß", beharrte der Alte.

Erst abends wurde es in der Hütte lebendig und laut. Die Fischer kamen zum Abendessen, rauchten, aßen Piniensamen und erzählten Geschichten. Geschichten vom Fluß und vom Fischfang, und je länger sie erzählten, desto tolldreister wurden die Abenteuer, die sie erlebt und die Heldentaten, die sie vollbracht haben wollten.

Später war der Boden mit einer dicken Schicht von den Schuppen und Spindeln der Pinienzapfen bedeckt, die unter den Stiefeln zersprangen wie das herbstliche Eis auf den Pfützen. „Wasjutka, bring uns frische Zapfen!" sagten die Fischer. „Du hast Zeit dazu."

Von da an machte sich Wasjutka jeden Morgen auf die Suche nach Kiefernzapfen. Wenn er abends seinen Sack über den Tisch ausleerte, freuten sich die Männer und lobten ihn: „Ja, den Wasjutka kann man brauchen!" Bald waren alle Kiefern rund um die Hütte abgeerntet, und Wasjutka mußte sich immer weiter in den Wald vorwagen.

Die Arbeit machte ihm Spaß! Mit seinem Gewehr über der Schulter wanderte er dahin, pfiff einen Schlager und kam sich wie ein rechter Taiga-Wanderer vor.

Eines Morgens schlief Wasjutka länger als gewöhnlich. Während er allein am Tisch saß und seinen Frühstücksbrei löffelte, blätterte er in einem Schulbuch herum. Die Mutter sagte in ärgerlichem Ton: „Du solltest dich auf die Schule ernsthaft vorbereiten! Statt dessen läufst du immer nur im Wald herum."

„Was hast du, Mamka, irgendjemand muß doch die Zirbelnüsse holen, einer muß es machen. Die Fischer möchten abends etwas zu tun haben, und die Kerne schmecken gut."

„Wenn sie Nüsse wollen, so sollen sie sie selbst holen!" antwortete die Mutter,

„dich schicken sie in der Taiga herum und mir machen sie die Stube schmutzig!" Wasjutka kannte das schon: Wenn er in der Nähe war, murrte die Mutter und mäkelte an ihm herum. Es war ja schließlich kein anderer da.

Mit einem Seufzer klappte der Junge sein Buch zu. Wortlos zog er seine wattierte Jacke an und nahm den Rucksack auf. Dann schnallte er den Gürtel mit der Patronentasche um und schulterte das Gewehr. Wie ein Erwachsener sah er aus. Der Mutter gab es einen Stich. Sie sagte mit besorgter Miene: „Geh nicht weit von den Markierungen weg, sonst verirrst du dich! Hast du Brot dabei?"

„Wozu denn? Ich bring es ja doch wieder zurück!"

„Keine Widerrede! Hier ist ein Stück, daran trägst du nicht schwer. Seit ewigen Zeiten ist das so. Du bist noch zu jung, um die Gesetze der Taiga zu verändern."

Wasjutka wußte, daß man über diesen Punkt mit der Mutter nicht streiten konnte. So lautete die alte Regel: Gehst du in die Taiga, nimm Brot und Zündhölzer mit!

Ohne Widerwort steckte Wasjutka das Brot in seinen Rucksack. Dann verschwand er so schnell wie möglich aus den Augen der Mutter. Wer weiß, was ihr sonst noch einfällt! Aufatmend schritt er in den Taigawald hinein. Hier konnte ihm niemand etwas dreinreden, hier war er sein eigener Herr!

Er beobachtete aufmerksam die Markierungen an den Bäumen. Jeder Weg in die Taiga beginnt mit Markierungen. Der Taigawanderer schneidet in einen Baum eine Kerbe, geht ein Stückchen weiter und macht an einen anderen Baum wieder so ein Zeichen, und so geht es weiter.

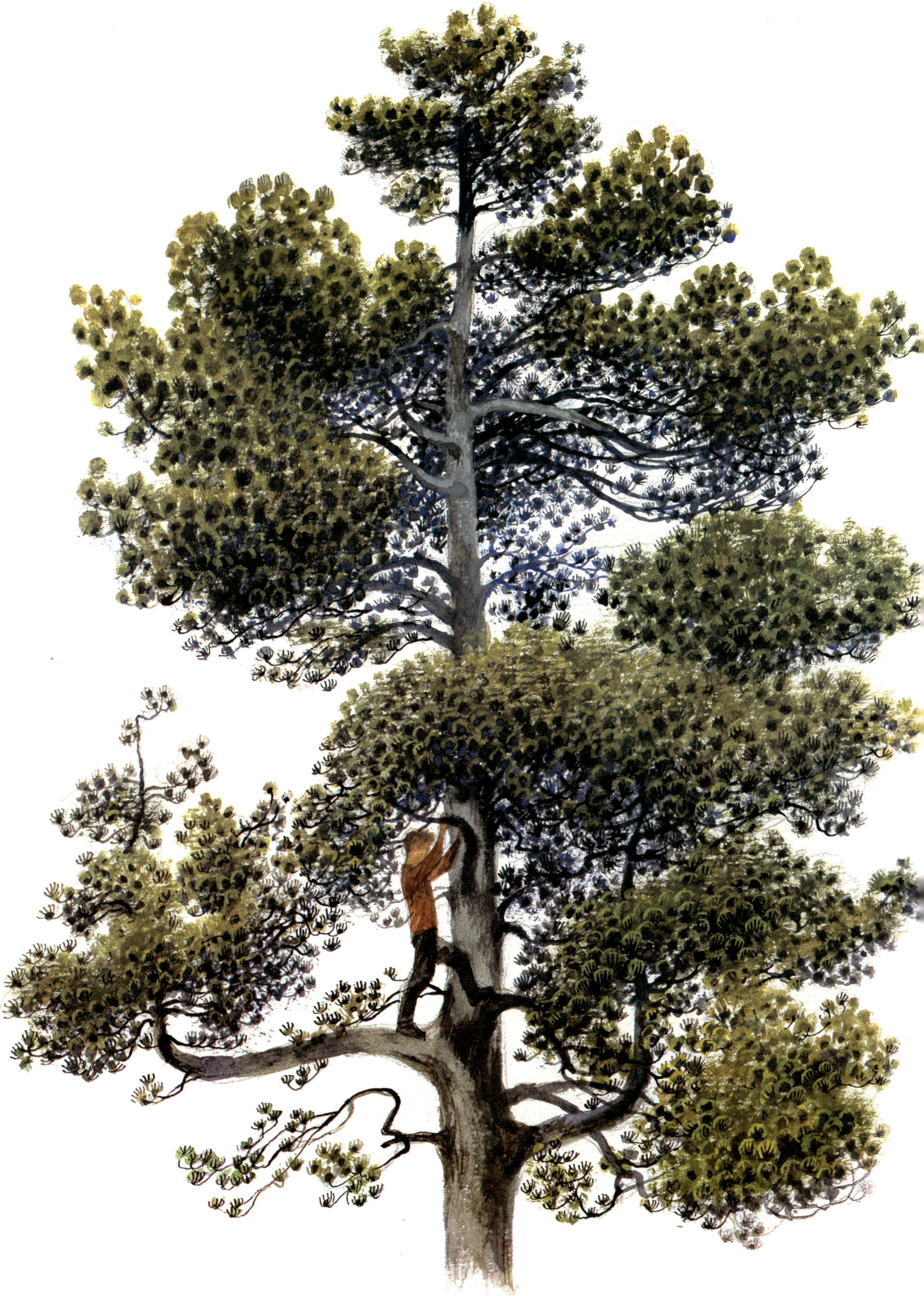

Nach ihm kommen andere Menschen. Sie treten mit den Schuhen das Moos von den Steinen, stampfen das Gras nieder und zertreten die Beerenbüsche. Die Schuhsohlen lassen Spuren im weichen Boden zurück. So entsteht mit der Zeit ein schmaler Weg.

Wasjutkas Gedanken wanderten mit ihm. Er malte sich aus, wohin dieser Weg wohl führe. „Vielleicht zu einer geheimen Schnapsbrennerei? Oder zu einer Siedlung, von der die Behörden noch gar nichts wissen? Wer weiß?"

Eng war der Weg und schlängelte sich hin und her. „Wie die Falten auf der Stirn meines Großvaters", dachte Wasjutka. „Nur mit dem Unterschied, daß Waldwege wieder zuwachsen können, aber Großväterchens Runzeln werden nie wieder glatt. Sie verbergen lange Gedanken, wie sie jeder Taigamensch hat."

Ein lautes Krähen riß Wasjutka aus seinen Überlegungen. Krah, krah, krah, hörte er von oben, als ob man mit einer stumpfen Säge einen Ast absägte. Wasjutka legte den Kopf in den Nacken. Ganz oben, auf der Spitze einer sturmverwehten Tanne saß ein Häher. Einer von der Art, die man Unglückshäher nennt. Er hielt einen Kiefernzapfen in seinen Krallen und schrie aus vollem Hals. Genauso laut antworteten seine Artgenossen. Wasjutka mochte diese Vögel nicht. Schon ihr Name verhieß nichts Gutes. Er nahm sein Gewehr von der Schulter, zielte und schnalzte mit der Zunge, als ob er schießen wollte. Aber er schoß nicht. Respekt vor dem „edlen Vorrat" (so nennen die sibirischen Jäger Pulver und Schrot) lernt man in der Taiga von Kindesbeinen an. „Krah, krah, krah", äffte Wasjutka den Häher nach und warf einen Stock nach ihm. Er ärgerte sich, daß er den Vogel nicht schießen konnte, obwohl er ein Gewehr in der Hand hatte.

Der Unglückshäher hörte auf zu schreien. Er putzte sich mit herausfordernder Gründlichkeit die Federn, hob dann den Kopf gegen den Himmel, und durch den Wald schallte wieder das heisere Krah!

„Verdammtes Vieh!" brummte Wasjutka und ging weiter.

Seine Füße traten auf weiches Moos. Da und dort lagen die von den Hähern aufgepickten Kiefernzapfen. Sie sahen wie kleine Stückchen von Bienenwaben aus. In einigen Öffnungen steckten – wie die Maden – noch die Kerne. Die zu probieren hatte keinen Sinn. Der Häher hat eine feine Zunge. Wenn ein Kern taub ist, holt er ihn gar nicht erst aus dem Zapfen heraus. Wasjutka wußte das gut.

Er hob einen Zapfen auf, schaute ihn von allen Seiten an und schüttelte den Kopf: „Du bist aber unverschämt! Keinen guten Kern hast du für mich übrig gelassen." Wasjutka tadelte den Vogel, um ihm zu beweisen, daß auch er etwas von Kiefernzapfen verstand. Im Grunde wußte er genau, was für ein nützliches Tier er da beschimpfte: Der Häher trägt die Kiefernsamen in der Taiga herum und sorgt so dafür, daß überall Kiefernbäume wachsen.

Schließlich suchte sich der Junge einen kräftigen Stamm aus und kletterte hinauf. Mit geübtem Blick stellte er fest, daß im Gestrüpp der Zweige ganze Nester herrlicher Zapfen hingen. Er stampfte auf die Äste, daß die Zapfen zu Boden prasselten. Dann stieg er wieder hinunter und sammelte die Ernte auf.

Prüfend lupfte er den Rucksack. „Schön schwer", fand er. „Aber eine Kiefer klopfe ich noch ab! Ich bin stark genug, die Last zu schleppen."

So streifte er weiter durch den Wald, um sich eine schöne Kiefer zu suchen.

Plötzlich fuhr Wasjutka zusammen. Ein lautes, klatschendes Geräusch hatte ihn erschreckt. Dann sah er einen großen, schwarzen Vogel auffliegen. „Ein Auerhahn!" Kaum hatte er ihn erkannt, fing sein Herz wie rasend an zu klopfen. Das Jagdfieber packte ihn. Enten und Rebhühner hatte Wasjutka schon oft vor der Flinte gehabt, aber ein Auerhahn war etwas ganz anderes.

Der Vogel flog mit ruhigen Flügelschlägen über eine grüne Lichtung hinweg in die Bäume hinein und setzte sich auf eine abgestorbene Tanne. Versuch einer einmal, sich da heranzuschleichen! Regungslos stand der Junge da und ließ den Vogel nicht aus den Augen. Was hatte er einmal von Jägern gehört und im stillen als Jägerlatein abgetan? „Den Auerhahn kann man mit einem Hund jagen. Auf seinem Ast sitzend beobachtet der neugierige Vogel dieses fremde Tier und neckt es sogar. Währenddessen kann sich der Jäger heranschleichen und einen Schuß anbringen." Leider hatte Wasjutka keinen Hund dabei. Da kam ihm der Gedanke, einen Hund nachzuahmen. Er ließ sich nieder, bewegte sich im Vierfüßlergang ganz langsam vorwärts und bellte. Siehe da, das seltsame Experiment glückte. Der Auerhahn blieb ruhig auf seinem Platz sitzen und blickte unverwandt auf das eigenartige Wesen zu seinen Füßen hinab.

Dornen zerkratzten Wasjutkas Gesicht und zerrissen seine Kleidung, aber er merkte es nicht. Vor ihm war tatsächlich ein Auerhahn!

Jetzt ist es Zeit! Der Vogel wird schon unruhig. Wasjutka richtet sich auf und zielt. Wie lange es dauert, bis das Zittern in den Händen vorbei ist! Endlich kann er den Hahn über Kimme und Korn anvisieren. Krach! Der schwere Vogel spreizt die Flügel, taumelt, fällt. Doch nein, bevor er auf den Boden kommt, gelingt es ihm, sich mit ein paar Flügelschlägen aufzurichten. Schwerfällig fliegt er weiter in den Wald hinein.

„Ich habe ihn getroffen!" jubelte Wasjutka und rannte hinter seiner Beute her. Jetzt erst merkte er, was für einen Fehler er gemacht hatte. „Ich hätte nicht mit feinem Schrot schießen dürfen", warf er sich vor. „Was ist Schrot für ein Tier, das beinahe so groß ist wie ein Hund!"

Müde flog der Auerhahn vor seinem Jäger her. Aber immer kürzer wurden die

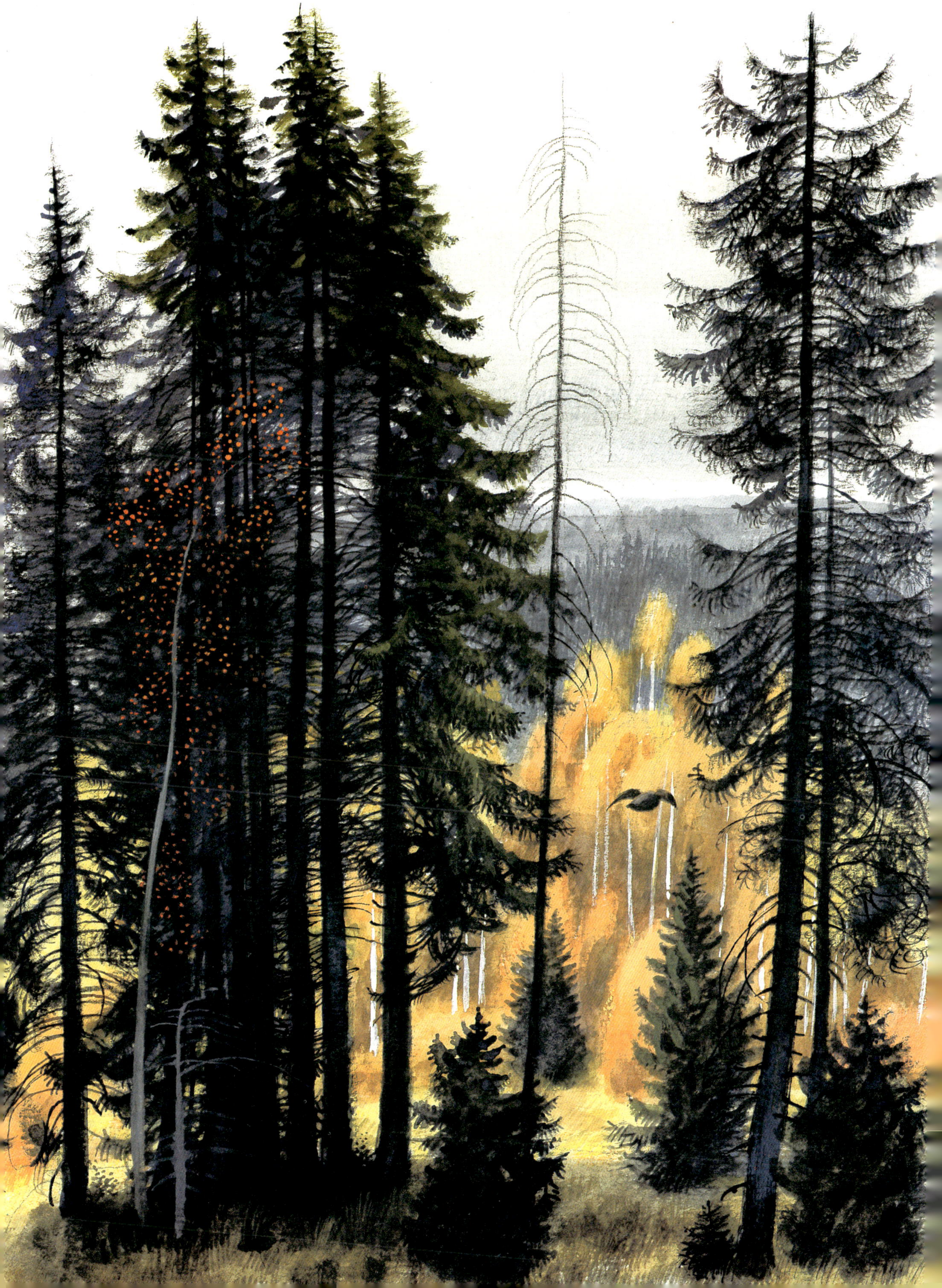

Strecken, die er fliegen konnte, und immer länger die Ruhepausen. Schließlich war er so schwach, daß er seinen Körper nicht mehr in die Luft zu heben vermochte, und er lief auf seinen starken Füßen weiter.

„Jetzt ist es soweit, jetzt fange ich dich!" rief Wasjutka. Er rannte, warf den Rucksack ab und schoß. Der Vogel brach zusammen, und der Junge warf sich über ihn. „Hab ich dich endlich!" rief er, „jetzt, Brüderchen, kommst du mir nicht mehr aus. Ich kann auch schnell laufen!"

Stolz streichelte er das glänzende, schwarzblaue Gefieder. Dann hob er seine Beute hoch und wog sie prüfend mit der Hand. „Fünf Kilo hat er mindestens, wenn nicht sechs! Die werden staunen zu Hause!" Mit diesem Gedanken leerte er den Rucksack aus und steckte den Auerhahn hinein. „Jetzt aber schnell heim, sonst kriege ich mein Fett ab!"

Während er so dahinwanderte, malte er sich aus, wie sie ihn zu Hause bewundern würden. Sogar sein Vater würde stolz auf ihn sein!

Plötzlich fiel ihm etwas auf: „Wo sind denn die Markierungen? Es wäre längst Zeit, daß sie kämen."

Er schaute sich um. Die Bäume waren nicht anders als die, auf denen er vorher die Wegzeichen gefunden hatte. Aber jetzt waren keine da. Unbeweglich stand der Wald, schweigend in seiner grauen Unendlichkeit, die Bäume weit voneinander, viele halb kahl, lauter Nadelhölzer. Nur ab und zu eine magere Birke mit kargen gelben Blättern. Ja, so war der Wald. So kannte er ihn. Und trotzdem ging etwas Fremdes, Drohendes von ihm aus. Wasjutka drehte sich um. Er spähte in alle Richtungen, dann rannte er von einem Baum zum anderen. Da müssen doch Markierungen sein! Nein, es gab keine. „Zum Teufel, wo sind denn diese Kerben? Wo habe ich denn die letzte gesehen?" Wasjutkas Herz verkrampfte sich, und seine Hände wurden feucht. Alles wegen dieses Auerhahns! Kopflos, ziellos wie ein Waldgeist stolperte der Junge weiter. „Wo bin ich? Wo ist der Weg?"

Endlich ermahnte er sich. „Wasjutka", sagte er laut, „jetzt sei vernünftig. Überleg, was du tun sollst, und dann findest du auch den Weg."

So. Diese Seite der Tanne ist fast kahl. Das bedeutet: Hier ist Norden. Wo mehr Äste wachsen, ist also Süden. Nun versuchte er sich zu erinnern, auf welcher Seite der Bäume die Wegzeichen gewesen waren. Aber er wußte es nicht mehr.

„Ach ich Dummkopf!" Die Angst packte ihn und schnürte ihm die Kehle zu. Wieder versuchte er, sich Mut zuzusprechen: „Jetzt nur nicht verzagen. Den Kopf verlieren, ist das Allerdümmste. Man muß immer nach einer Richtung laufen. Am Häuschen macht der Jenissei einen Knick, das kann man doch nicht verfehlen! Also ist alles in Ordnung, und du hast dich seltsamerweise schon aufgeregt. Vorwärts, marsch, nach Süden!"

Aber das Sicherheitsgefühl hielt nicht lange an. Nach Süden? Die Markierungen tauchten nicht auf. Ab und zu schien es Wasjutka, er habe eine entdeckt, dann rannte er mit flatterndem Herzen auf den Baum zu, betastete den Stamm und suchte die feinen Harztröpfchen. Aber er fand nur die unversehrte Rinde.

Wasjutka lief und lief. Er rannte vor und zurück, versuchte es links und wieder rechts. Erst als ihm der Atem ausging, blieb er stehen. Der Wald war schwarzes Schweigen. Gespannt horchte er in die Stille. Tuck – tuck, tuck – tuck. Das war

sein eigenes Herz. Jetzt vernahm sein angespanntes Gehör ein Geräusch. Von irgendwoher kam ein Brummen. Es verstärkte sich, kam näher und verebbte wieder. Ein Flugzeug war sternenweit entfernt über ihn hinweggeflogen.
Wasjutka ließ die Schultern sinken und lehnte sich an einen Baumstamm. „Ich sollte besser zu Boden blicken statt in den Himmel", dachte er. „Vielleicht kommt mir der Weg ganz einfach entgegen, dort unter den Farnblättern ..."
Ein toter Vogel lag zu seinen Füßen. Wasjutka bückte sich. Eine Spinne hatte ein dichtes Netz über den halbverwesten Körper gesponnen. Sie selbst war nicht zu sehen, sie hatte sich wohl schon in ihr Winterquartier zurückgezogen. Aber eine dicke Fliege zappelte in der Falle. Beharrlich versuchte sie, den klebrigen Fäden des Netzes zu entrinnen. Vergeblich! Immer schwächer wurden ihre Flügelschläge, und immer müder wurde ihr Kampf.
Wasjutka beschlich ein ungutes, quälendes Gefühl, während er den hoffnungslosen Befreiungsversuchen des Tierchens zusah.
Und dann war es ihm plötzlich klar: Ich habe mich verirrt.
Ich habe mich verirrt. Dieser schlichte Satz enthielt eine so furchtbare Wahrheit, daß Wasjutka wie betäubt war. Verirrt! Gefangen in der Riesenfalle Taiga.
Zitternd am ganzen Körper setzte er sich auf einen Baumstumpf und vergrub die Hände im Gesicht. Dann begann

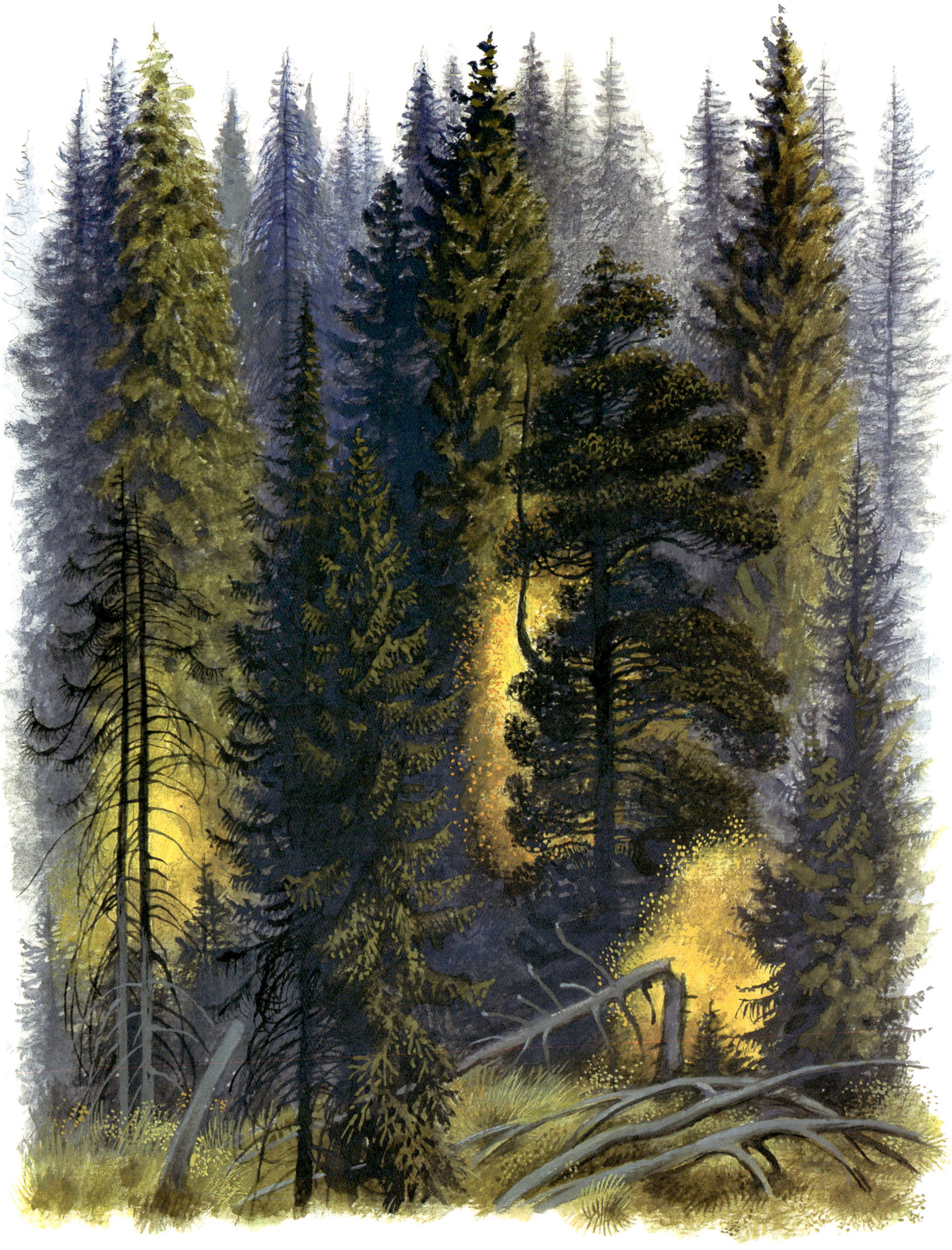

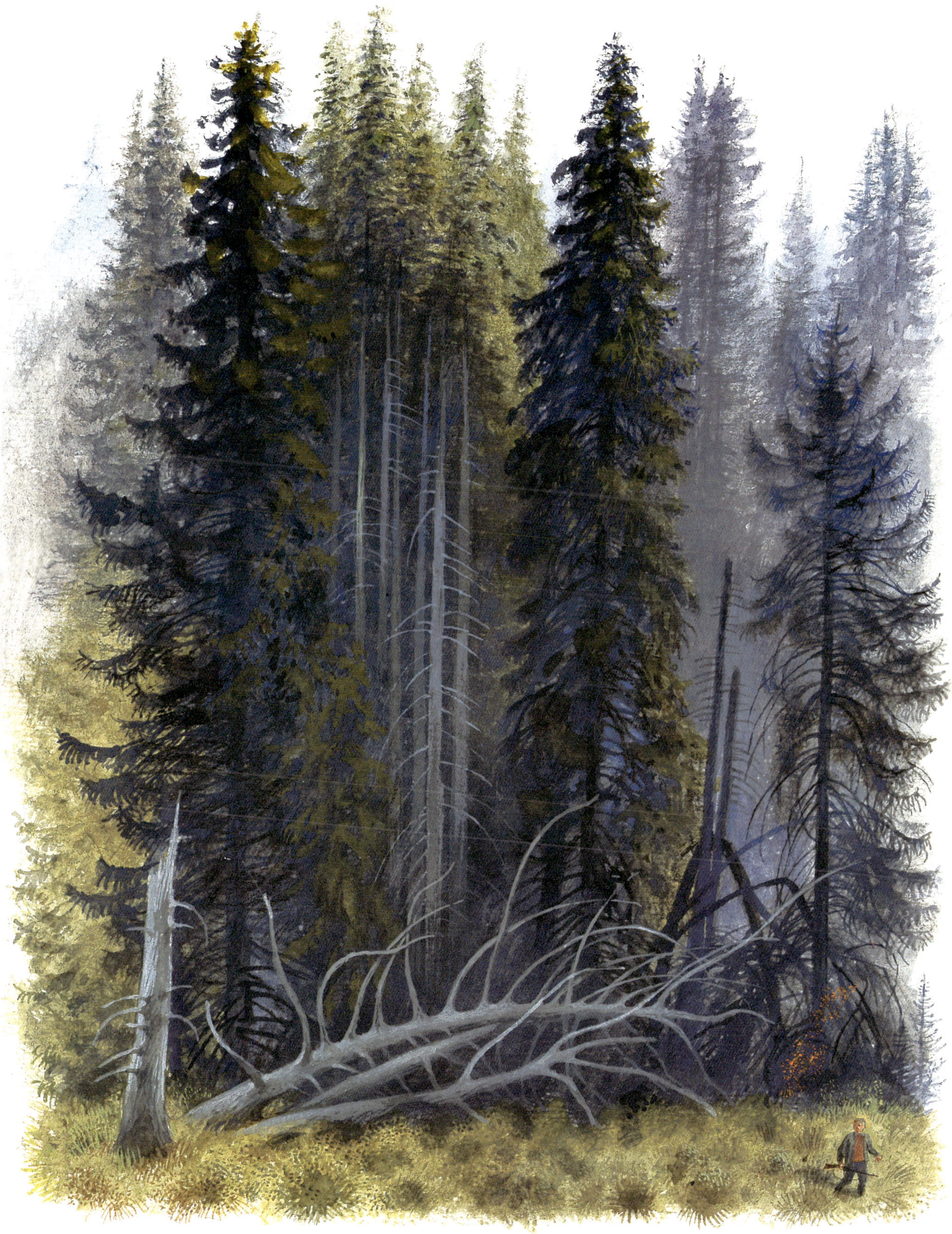

sein Gehirn fieberhaft zu arbeiten: Was hatten die Jäger immer wieder über Verirrte erzählt? Sie waren von einem Waldbrand eingeschlossen, von einer Überschwemmung überrascht, von einem Wolf angefallen worden. Oder verhungert, verdurstet, erfroren. Viele waren nie mehr heimgekommen. Und jetzt war er es, der sich verirrt hatte. Er hatte sich das ganz anders vorgestellt. Das Schreckliche war so einfach geschehen. Zwischen Sichauskennen und Den-Weg-verloren-Haben waren nur ein paar Minuten gelegen, die paar Minuten mit dem Auerhahn. (Wasjutka wußte noch nicht, daß die großen Dinge oft ganz klein anfangen.)

Seine Überlegungen dauerten nur so lange, bis er einen ungewöhnlichen Laut hörte. Er schrie auf und lief fort, irgendwohin, er lief und stolperte und stand wieder auf und fiel und rappelte sich hoch, er wußte selbst nicht wie oft. Schließlich geriet er in ein Gestrüpp von übereinanderliegenden, dürren Bäumen, die ein Sturm einmal wie die Stäbchen eines Mikadospiels umgeworfen hatte. Er versuchte, sich durch die trockenen Äste und Zweige durchzuschlagen. Auf den moosigen Steinen rutschte er aus und fiel der Länge nach hin. Mit dem Gesicht auf dem nassen Boden blieb er zu Tode erschöpft liegen. „Mag kommen was will", dachte er in seiner Verzweiflung.

Wie der leise Flügelschlag einer Eule kam die Nacht über die Taiga und mit ihr die Kälte. Wasjutka fühlte, wie seine vom Schweiß durchnäßte Kleidung kalt wurde.

Auf einmal fiel ihm das Gesetz der Taiga wieder ein: Wenn du in den Wald gehst, nimm Brot und Streichhölzer mit! „Das erste ist: Man muß ein Feuer machen! Wie gut, daß die Mutter auf den Zündhölzern bestanden hat!"

Wasjutka suchte auf den Knien rutschend nach trockenen Moosen und Flechten. Er zerpflückte sie und schichtete sie zu einem lockeren Haufen zusammen. Dann brach er trockene Äste aus dem Gestrüpp und stellte diese zeltförmig über den kleinen Hügel aus Moos. Seine Finger zitterten ein wenig, als er das Streichholz anrieb. Das Moos fing Feuer! Die kleine Flamme flackerte, ein wenig unsicher zuerst, und kletterte dann höher, von Ast zu Ast. Bald brannte der Scheiterhaufen lichterloh, und es wurde ringsum hell. Wasjutka fütterte das Feuer mit dickeren Ästen.

Zwischen den Bäumen bewegten sich Schatten. Die Dunkelheit wich zurück. Mücken begannen, um das Feuer zu tanzen und sangen ein monotones Lied. Der Holzvorrat brannte schnell zusammen. Es galt, dicke Holzstücke für die Nacht herbeizuschaffen. Wasjutka schleppte schwere Äste an und einen ganzen trockenen Baum und noch einen halbvermoderten Stumpf. Seine Hände waren voller Risse, und Wunden bluteten, aber er achtete nicht darauf.

Endlich konnte er sich Zeit zum Essen nehmen. Er holte das Stück Brot aus dem Rucksack. Sehnsüchtig dachte er an seine Mutter. Ob sie wohl ängstlich in den Wald hinaushorchte? Ob sie wohl weinte? Wasjutka wollte eigentlich auch weinen. Seine Lippen zitterten schon, und die Augen wurden feucht. Aber er biß die Zähne zusammen und fuhr mit dem Jackenärmel über das Gesicht. Nein, geweint wird nicht!

Er rupfte den Auerhahn und weidete ihn mit dem Klappmesser fachgerecht aus. Dann schob er das Feuer auf die Seite, machte eine Grube in die Asche und legte den Vogel hinein. Er deckte ihn mit Moos und heißer Erde zu und schob Asche darüber. Darauf kamen glimmende Scheite und neues Holz.

Wasjutka wartete. Als er dachte, daß eine Stunde vergangen sei, grub er seinen Braten aus. Hm, kam da ein Duft aus der Aschengrube! Dem Jungen lief das Wasser im Munde zusammen. „Im eigenen Saft gebratener Auerhahn ist eine Deli-

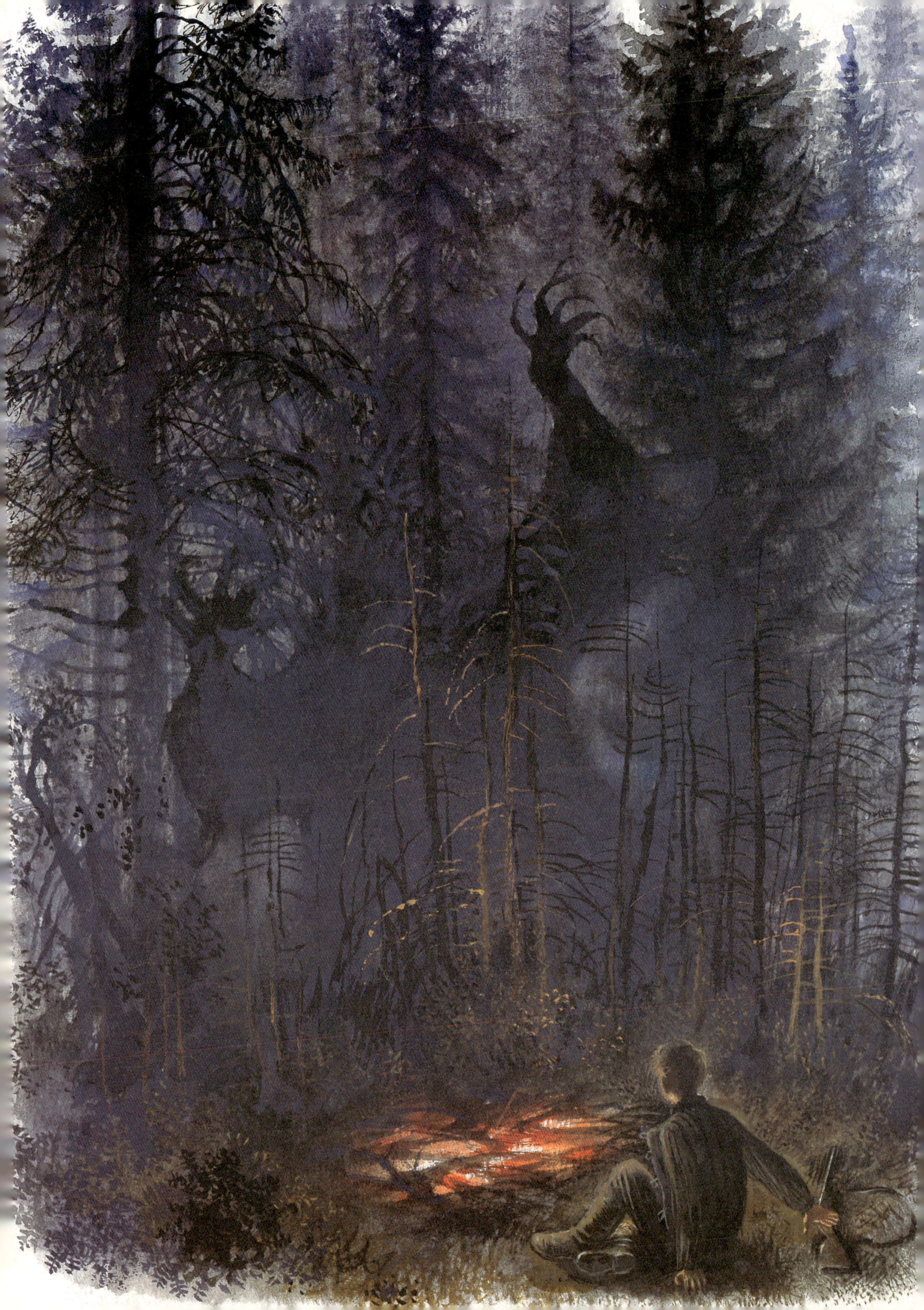

katesse", hatten die Jäger immer geschwärmt. Aber was ist diese Delikatesse ohne Salz? Lustlos kaute Wasjutka das Fleisch. „Ich Dummkopf", mußte er sich wieder tadeln, „so viele Fässer voll Salz stehen am Ufer, und ich habe mir nicht ein Quentchen davon in die Tasche gesteckt!" Auf einmal fiel ihm ein, daß sein Rucksack früher ein Salzsack gewesen war, und er stülpte ihn um. Aus allen Winkeln und Falten klaubte er kleine Salzbröcklein hervor, die er auf dem Schaft seines Gewehres zerdrückte.

Als Wasjutka satt war, legte er die Reste der Mahlzeit in den Sack zurück und hängte ihn an einen Ast, damit Mäuse und anderes Getier nicht darankommen konnten. Dann bereitete er sich ein Nachtlager. Er schob das Feuer zur Seite und legte Moos und Tannenzweige auf die warme Stelle. Endlich konnte er sich hinlegen! Er deckte sich mit der wattierten Jacke zu. Die Wärme des Bodens drang wohltuend durch das Hemd an seinen mageren Rücken. Wasjutka schloß die Augen.

Doch zur Ruhe kam er nicht. Solange er beschäftigt gewesen war, hatte er die Einsamkeit nicht so empfunden. Doch jetzt, als er dalag und auf den Schlaf wartete, wurde ihm erst bewußt, wie verlassen er war. Die Stille um ihn herum war fast zu greifen. Ängste, die er nie gekannt hatte, tauchten auf. Wie ist das mit den wilden Tieren? Er versuchte sich zu beruhigen: Nördlich des Polarkreises gibt es keine Wölfe, und Bären sind selten. Ein Luchs oder Polarfuchs könnte sich am Vorrat zu schaffen machen, aber das ist jetzt im Herbst, da es im Wald genug zu fressen gibt, eher unwahrscheinlich. „Du kannst getrost schlafen", sagte sich Wasjutka. Trotzdem lud er das Gewehr und stellte es griffbereit neben sich.

Der Schlaf wollte und wollte nicht kommen. Wasjutkas Sinne blieben hellwach. Schleicht sich da nicht etwas heran? Er richtete sich auf und horchte gespannt in die Nacht. Ja – ein Schritt, ein zweiter, ein leises Knacken, ein Atemzug. „Was pirscht sich da über das Moos heran?" Und dann sah er es: Jenseits des Lagerfeuers stand eine riesige, schattenhafte Gestalt zwischen den Bäumen, die gewaltige, krallenbewehrte Pfoten gegen den Himmel reckte. Es war Wasjutka, als ob ein unheimliches Riesentier sich im nächsten Augenblick über ihn werfen und ihn zerfleischen wollte. Er griff nach seinem Gewehr und schoß, einmal, zweimal, dreimal. Dann ließ er das Gewehr sinken. Wieder umfing ihn die undurchdringliche Stille. Wasjutka fühlte, daß er ins Leere geschossen hatte.

Er gewann seinen Mut zurück. Aufatmend wischte er den Schweiß von der Stirn und ging auf die unheimliche Gestalt zu. Mit jedem seiner Schritte veränderte sich der Schatten zwischen den Tannen. Auf einmal rief Wasjutka aus: „Du Teufelsding hast mich zum Narren gehalten!" Vor ihm stand eine vom Blitz zerschlagene Tanne, deren verkohlter Rest seine überreizten Sinne getäuscht

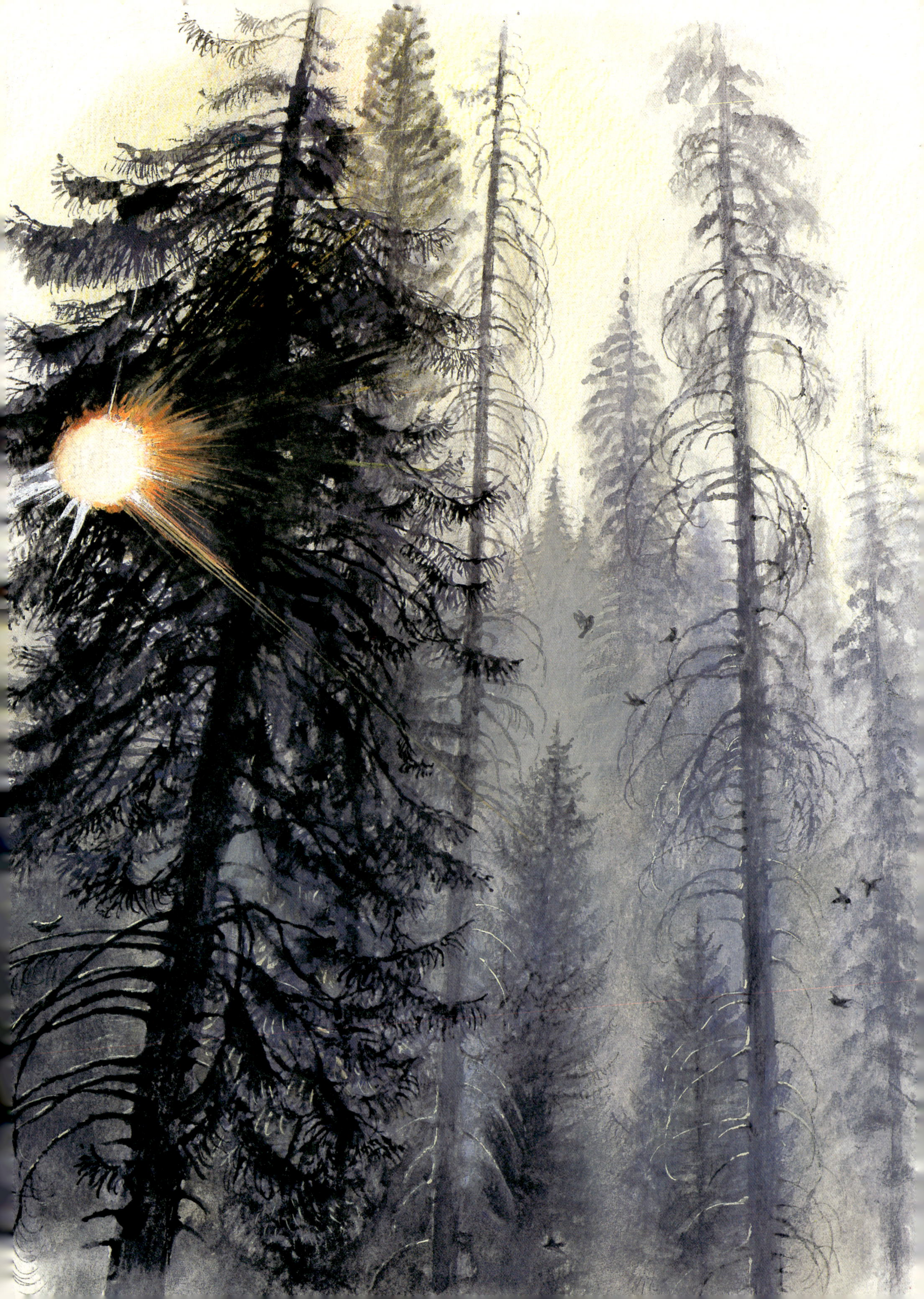

hatte. Dann mahnte sich Wasjutka: „Ich darf nicht so ängstlich sein und mich von jeder Kleinigkeit ins Bockshorn jagen lassen. Die Taiga haßt die Feiglinge, aber sie läßt den klugen Mann nicht verkommen." So pflegte der Großvater zu sagen. Wasjutka fiel auf, daß ihm die belächelten Sprüche des Alten immer wieder durch den Sinn gingen.

Er brach aus der verhexten Baumruine große Stücke heraus und warf sie ins Feuer. Jetzt hatte er diesen Feind endgültig besiegt.

Kurz ist die Augustnacht über dem Polarkreis. Kaum hatte Wasjutka sich wieder eine warme Schlafstelle freigemacht, dämmerte der neue Tag. Die Nacht rückte weit in die Tiefe des Waldes. Statt ihrer kam der Nebel. Es wurde kälter, und das Lagerfeuer fing an zu zischen und zu knacken und zu niesen, als ob es die lautlos schleichenden Nebelschwaden verscheuchen wollte. Die Stechmücken, die Wasjutka die ganze Nacht zugesetzt hatten, verschwanden.

Es war vollkommen windstill. Die Welt war wie in Watte gepackt. Man hörte nichts. Die Natur wartete auf den ersten morgendlichen Laut. Niemand weiß, was für ein Laut der erste sein wird. Das leise Pfeifen eines Vogels, ein Windhauch, der durch die Knorpel der Lärchen bläst, das Klopfen eines Spechts? Irgendein Geräusch muß aus dieser Stille geboren werden und die schlafende Taiga wecken.

Fröstelnd kauerte Wasjutka neben seinem Feuer und schlief endlich ein. Er schlief fest und tief, und so hat er auch den ersten Laut des Morgens nicht hören können.

Als er erwachte, stand die Sonne hoch am gelben Himmel, und ihre Strahlen brachen durch die dunklen Tannen. Der Nebel hatte sich in staubfeinen Silbertröpfchen an Moosen und Halmen niedergeschlagen. Wasjutka blickte erstaunt um sich. Wo bin ich? Rings um ihn war die lebendige Taiga. Die Häher schrien wie die Marktweiber, die Spechte trommelten ins Holz. Über Wasjutkas Kopf eilten zwei Kleiber geschäftig den Stamm auf und ab.

Wasjutka reckte und streckte sich. Ein Eichhörnchen, das mit einer Nuß beschäftigt war, blickte erschrocken hoch und huschte an dem Jungen vorbei den Baum hinauf. In sicherer Entfernung setzte es sich auf einen Ast und guckte Wasjutka neugierig an. „Was schaust du so?" fragte er lachend, „ja, meinesgleichen wirst du noch nie gesehen haben." Das Eichhörnchen bewegte seinen großen, buschigen Schwanz. „Ich weiß nicht, wo ich bin. Aus Dummheit bin ich dem Auerhahn nachgelaufen und habe den Weg verloren. Jetzt suchen sie den ganzen Wald ab. Die Mutter verzweifelt, wenn ich nicht bald auftauche. Verstehst du mich? Wie könnte ich bloß mit dir reden? Renn' doch schnell hinüber zum Häuschen am Jenissei und sag, wo ich bin." Er winkte mit der Hand ab. „Mach, daß du fortkommst, Rotschopf, ich schieße jetzt." Wasjutka hob sein Gewehr und schoß in die Luft. Das Eichhörnchen huschte wie ein Staubkörnchen über die Äste hinweg. Wasjutka blickte ihm sehnsüchtig nach. Dann schoß er noch einmal. Angestrengt lauschte er in die Stille. Die Taiga gab keine Antwort. Wie vorher schrien die Häher, der Specht klopfte weiter und die Tautropfen fielen von den Bäumen.

Wasjutka zählte seine Patronen. Es waren noch 10 Stück, und er entschloß sich, nicht mehr zu schießen.

Er lehnte die Flinte an einen Baumstamm, spuckte in die Hände und kletterte auf den Baum, stieg hoch und höher bis zum Wipfel.

Taiga, Taiga, nichts als Taiga. Nach allen Richtungen dehnte sie sich aus. Die stille, gleichgültige Taiga. Wie ein Meer, soweit das Auge reichte. Irgendwo in der Ferne verschmolz das graublaue Meer des Himmels mit dem grünblauen Meer des Waldes.

Wasjutka klammerte sich an den schwankenden Stamm und hielt nach allen Seiten Ausschau. Er suchte einen hellgelben Streifen zwischen den Tannen, weil er wußte, daß die Flüsse in der Regel von Laubwald begleitet werden, der jetzt im Herbst hell schimmern müßte. Aber ringsum gab es nur Nadelgehölz, als wäre der Jenissei im Dickicht der Taiga versickert.

Mittlerweile hatte sich der Himmel überzogen. Es war kein blaues Fleckchen mehr zu sehen. Die Wolken senkten sich. Sie lagen wie Watte auf der Taiga, und die Taiga ging in ihnen auf.

„Vater, Mutter, helft mir doch! Ich habe mich verirrt, ich bin verloren!" Wasjutkas gellender Schrei flog über die Bäume und fiel wie ein Zedernzapfen dumpf aufs Moos. Es hörte ihn niemand.

Wasjutka kletterte langsam hinunter, setzte sich auf einen Stein und verharrte regungslos, von Angst gelähmt.

Endlich raffte er sich auf. „Ich muß etwas essen!" Er schnitt ein Stück von seinem Auerhahnbraten ab und bemühte sich, das Restchen Brot nicht anzusehen. Das Fleisch war zäh und fad, aber Wasjutka zwang sich, geduldig zu kauen. Dann sammelte er ein paar Kiefernzapfen, rieb die Kerne heraus und verzehrte sie als Nachtisch. Wieder fiel ihm ein Spruch seines Großvaters ein: „Eine große Kiefer ernährt einen Mann". Wasjutka füllte seine Taschen mit den fetten Samen, und während die Hände mechanisch die Arbeit taten, kreisten seine Gedanken immer um die eine Frage: „Wohin soll ich gehen?" Jetzt waren die Taschen voll, der Rucksack übergeschnallt, aber die Frage war noch nicht gelöst.

Schließlich setzte Wasjutka seine Mütze auf, blickte noch einmal, als ob er Abschied nehmen wollte, auf seinen Lagerplatz zurück, und ging nach Norden. Er hatte sich für Norden entschieden. „Nach Süden", überlegte er, „zieht sich die Taiga Tausende von Kilometern hin. Aber wenn du nach Norden gehst, be-

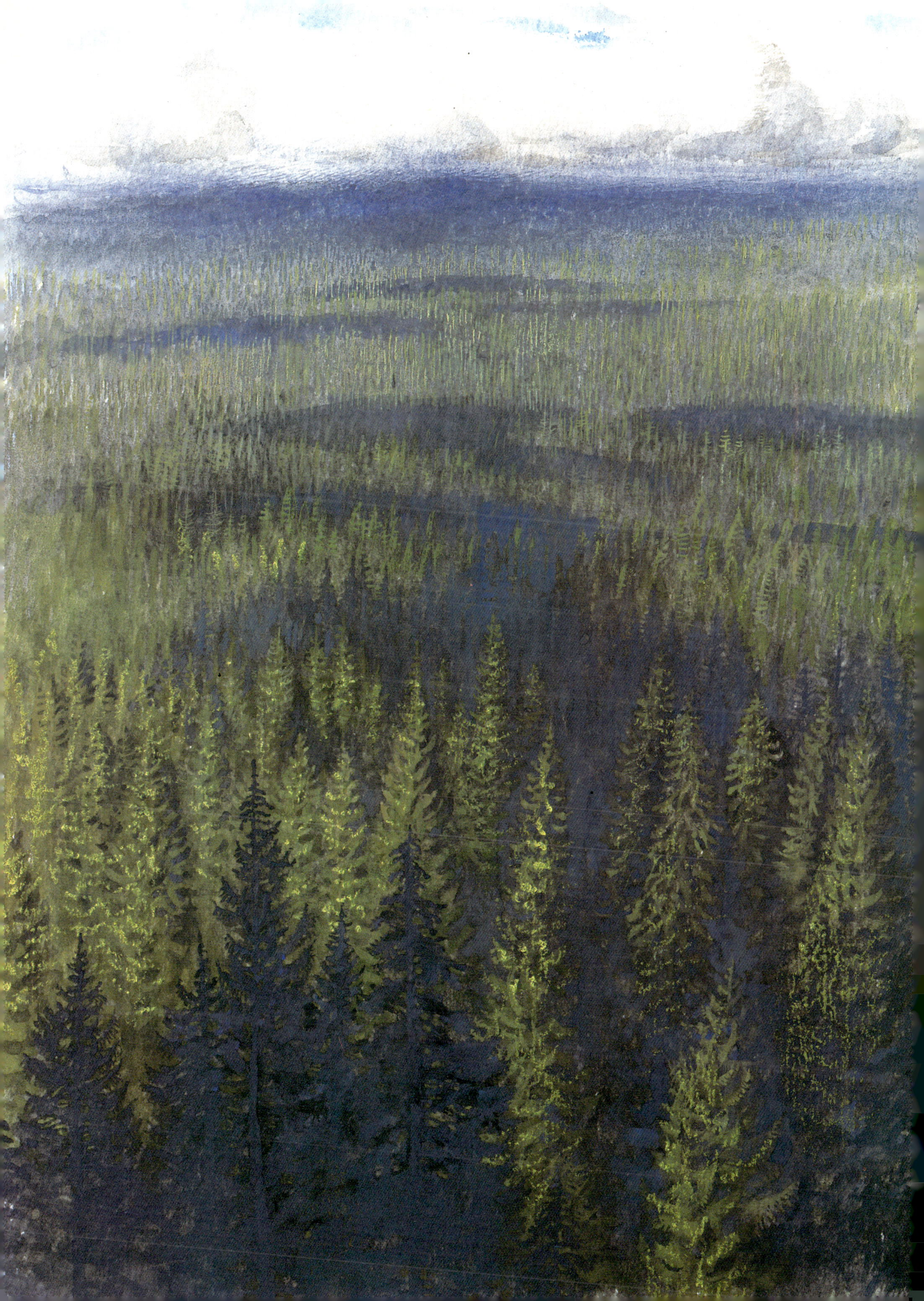

ginnt in hundert Kilometern die Tundra. Die Tundra bringt noch keine Rettung. Dort einen lebenden Menschen oder gar eine Siedlung zu treffen ist ganz und gar unwahrscheinlich." Aber Wasjutka wollte aus dem Wald heraus, aus der dunklen Taiga, die das Licht schluckte, und nur eine schwermütige Dämmerung aufkommen ließ. Er wollte aus diesem Spinnennetz von Bäumen, Büschen und Moos heraus, koste es, was es wolle. Er sehnte sich nach einem lichten Himmel, und sei es nur jener über der gottverlassenen Tundra.

Noch war das Wetter gut. Aber Wasjutka kannte die nahen Boten des Herbstregens: der zähe Morgennebel, das gedämpfte Mittagslicht, der frühe Einbruch der Nacht.

Wasjutka ging und ging, und immer nach Norden.

Die Sonne neigte sich schon, als er plötzlich zwischen dem allgegenwärtigen Moos Grashalme entdeckte. Er beschleunigte seinen Schritt. Bald waren es nicht mehr einzelne Halme, sondern ganze Büschel, die das Moos verdrängten. Wasjutka wurde unruhig: Gras wächst besonders in der Nähe von Gewässern. Könnte es der Jenissei sein, der es hervorlockte?

Wasjutka wagte noch nicht, daran zu glauben.

Später bemerkte er zwischen den Nadelbäumen immer mehr Birken und Eschen. Mit einem Mal war alle Müdigkeit verflogen. Er stürmte vorwärts.

Hohe Brennesseln brannten Gesicht und Hände. Da legte er seine Arme schützend vor die Augen und rannte blind weiter durch das Dickicht. Wenn hier der Jenissei ist, bin ich gerettet! Endlich lichtete sich das Buschwerk. Da war Ufer, Wasser! Der Junge traute seinen Augen nicht und stand und schaute. Dann fühlte er, wie seine Füße einsackten, langsam, aber stetig. Sumpf! Mit letzter Kraft tat er ein paar Sprünge zu den Büschen und Brennesselstauden hin und war dann am festen Ufer.

Nein, der Jenissei war das nicht. Das war ein kleiner, unbedeutender See irgendwo in der Taiga, wie es Tausende gibt. Aber es war Wasser. Wasjutka legte sich auf den Boden, schob die Wasserlinsen beiseite und trank lange. Dann setzte er sich hin und nahm mit einer müden Bewegung seinen Rucksack ab. Tränen traten ihm in die Augen, er wischte sie weg. Seine Lippen zitterten, er biß in seine Mütze. Aber diesmal half alles nichts. Wasjutka löste sich in Tränen auf.

Ein Kälteschauer ging durch seinen Körper. Da wurden seine Lebensgeister wieder wach. „Ich darf hier nicht so herumsitzen, ich muß ein Feuer machen", redete er sich zu. Bald fand er einen trockenen Platz, sammelte dürres Holz, und dann knisterten die Flammen. Er hatte nur zwei Zündhölzer verbraucht! Jetzt war Wasjutka ein bißchen leichter ums Herz. Das Feuer war wie ein Freund, der ihn wärmte und mit ihm sprach. Lange saß Wasjutka da, starrte in die orangeroten Flammen und stocherte ab und zu in der Glut. Dann aber meldete sich der Hunger. Er ließ den Magen knurren und zwickte in den Eingeweiden. Wasjutka legte eine Anzahl Kiefernzapfen in die Nähe des Feuers. Sie sprangen auf und gaben die röschen Samenkörner frei. Bald brannten Zunge und Gaumen wegen der rauhen Spelzen, die er unwillkürlich mit in den Mund steckte. Es verlangte ihn nach dem weichen, guten Brot, aber er rührte es nicht an. Er hatte sich vorgenommen, das Brot für den äußersten Notfall aufzusparen. Fleisch war ja noch da, und Beeren mußten auch zu finden sein. Es wurde Abend. Der weißglühende Sonnenball strahlte von einem roten Himmel und rollte hinter die Spitzen der Tannen, die vom grellen Licht wie ausgelöscht schienen.

Auf der ruhigen Fläche des Sees spiegelte sich dieses Bild, und Wasjutka fand, seine Verlorenheit sei hier am offenen See ein bißchen besser zu ertragen als im ewigen Dämmerlicht der Taiga. Dafür bescherte ihm der See ein anderes Übel: die Mücken! Sie surrten und schwirrten um Gesicht und Hände und saugten Blut, wo immer sie ein Fleckchen unbe-

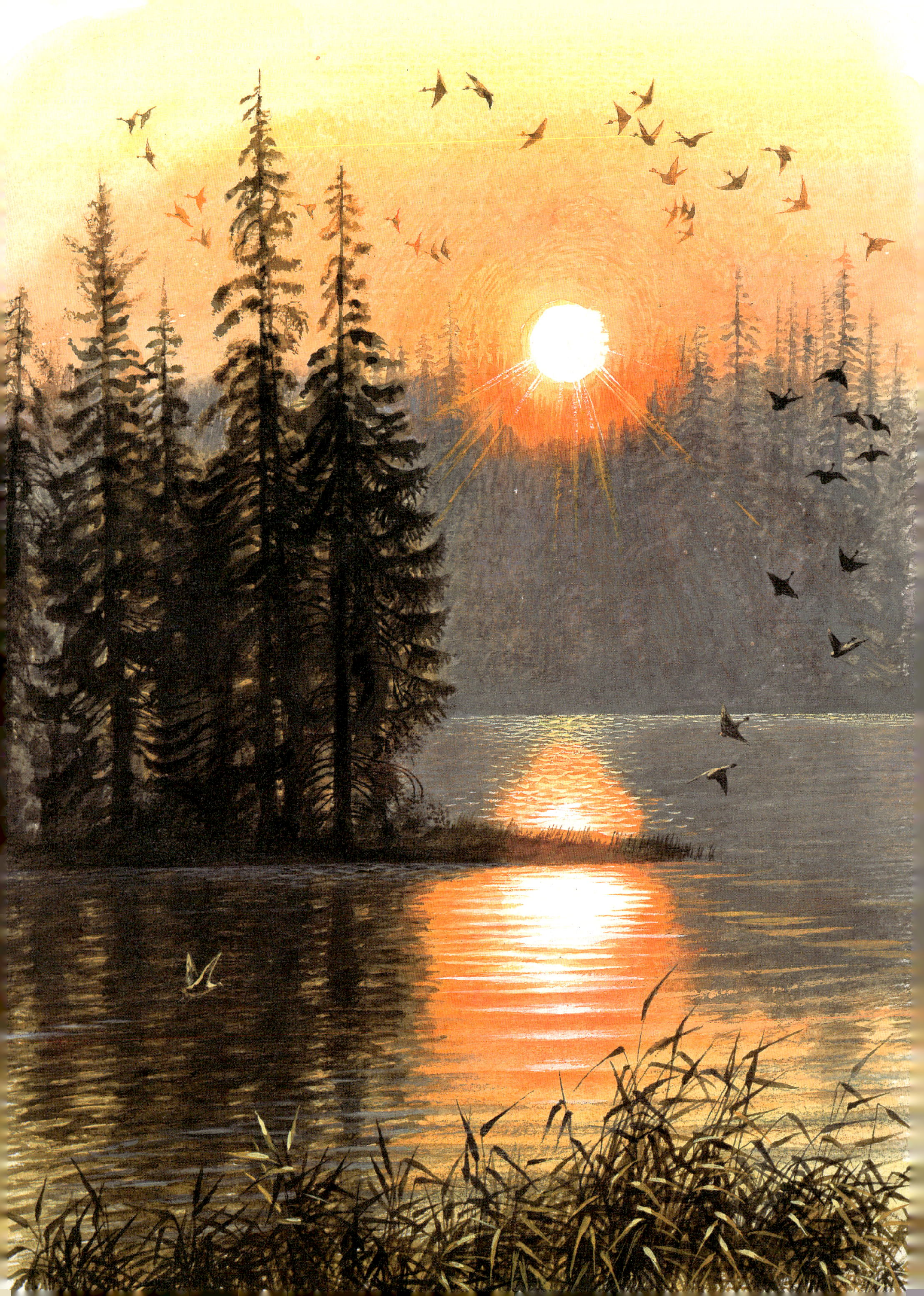

deckter Haut fanden. Wasjutka hielt es schließlich nicht mehr aus. Er stand auf und rannte ein paar Schritte zum See. Da entdeckte er Enten. Ruhig schwammen sie an ihm vorbei, gründelten genüßlich und schienen sich durch die Gegenwart eines Menschen nicht gestört zu fühlen.

Mit dem Gewehr auf der Schulter wanderte Wasjutka am Ufer entlang und geriet auf eine schmale Halbinsel, die weit in den See hineinragte. Er setzte sich an ihrer Spitze ins Gras. Wie immer beobachtete er aufmerksam, was um ihn herum vorging. Auf der spiegelglatten Wasseroberfläche bildeten sich immer wieder Ringe. Es war, als ob jemand Steinchen ins Wasser geworfen hätte. Wasjutka blickte genauer hin – und hielt den Atem an. Da waren Fische, große Fische, die kaum merklich ihre Kiemen und Flossen bewegten. Dicht an dicht standen sie unter dem Wasserspiegel. Es waren so viele Fische, daß Wasjutka zu zweifeln begann, ob er sich nicht täuschte. „Vielleicht narrt mich das schräg einfallende Sonnenlicht, und es sind nur Wassergräser", fragte er sich. Er fingerte nach einem Stock und klatschte auf das Wasser. Wie ein einziges Lebewesen bewegte sich der Schwarm ein Stück weiter in den See hinein und blieb außer Reichweite des Stockes stehen.

So viele Fische auf einmal! Wasjutka kam aus dem Staunen nicht heraus. Das hatte er noch nie gesehen. Und es waren nicht etwa gewöhnliche Fische, Hechte oder Barsche, nein, an ihren breiten Rücken und hellen Seiten erkannte er genau, daß es Weißfische waren. „Verdammt und zugenäht", schimpfte Wasjutka. „Daheim am Jenissei sitzt eine ganze Fischerbrigade untätig und mißmutig herum. O Mann, wenn ich nur wüßte, wo ich bin!"

Eine auffliegende Entenschar riß Wasjutka aus seinen Gedanken. Er wartete, bis sie direkt über das Kap flog, dann zielte er sorgfältig und drückte ab. Zwei Enten fielen zu seinen Füßen ins flache Wasser, eine dritte lag etwas seitwärts. Mit aufgeregtem Gekreisch flog der übrige Schwarm ans andere Ufer. Wasjutka fischte die beiden Enten mit seinem Stecken aus dem Wasser, die dritte konnte er nicht erreichen. „Heute bin ich zu müde, ich versuch's morgen", sagte er zu sich und wanderte zu seiner Feuerstelle zurück. Die Mitte des Sees war rot wie ein glühender Ofen. „Als ob man Kartoffelscheiben drauflegen könnte, um sie knusprig braun zu braten!" Wasjutka war es, als zöge der Duft von Bratkartoffeln durch die Nase, und das Wasser lief ihm im Munde zusammen. „Mamka", flüsterte er, „ich hab so Hunger."

Er rupfte die Enten und grub sie in die heißen Holzkohlen seines Lagerfeuers. Wie zum Abschied des Tages zwitscherten sehnsüchtig die kleinen Laufvögel, und die Seemöwen stöhnten. Am dunkelnden Himmel lösten sich die letzten Wolken auf, der Mond stieg klar und

klein wie ein Fingernagel auf. „Sternklare Nächte sind kalt", hatte der Großvater gesagt. Wasjutka wurde unruhig. Der Herbstregen kann jeden Tag einsetzen, und was dann? Ja, der Großvater, wenn der jetzt hier wäre, wüßte er wohl einen Rat. Wasjutkas Gedanken schweiften über die Taiga hinweg. Sie kümmerten sich nicht um Norden oder Süden, sondern kamen flugs in die Hütte am Ufer des großen Flusses. Wer heute wohl die Pinienzapfen gesammelt hat? Sicher hatten die Fischer ihn den ganzen Tag gesucht. Sie mußten wohl ohne ihre Samenkerne den Abend herumbringen, und die Mutter? Wasjutka sah die Mutter vor sich: Sie steht am Herd und zuckt bei jedem Geräusch zusammen. Nein, es ist wieder nicht Wasjutka. „Die Mutter wollte ja nicht, daß ich in den Wald gehe. Ich sollte lieber für die Schule lernen als die Fischer bedienen. Ach ja, die Schule. Sicher hängt schon das große Plakat über dem Tor: ‚Willkommen in der Schule'". In 8 Tagen, rechnete sich Wasjutka aus, würde ihn sein Vater dorthin, nach Igarka, bringen. „Ob ich bis dann den Weg gefunden habe? Ach, ich habe noch so wenig erlebt. Igarka ist die einzige Stadt, die ich je gesehen habe. Und die Menschen dort, die leben für mich wie auf einem anderen Stern, die sprechen und lachen und gehen ins Kino und essen sich satt und lutschen sogar Bonbons. Ob Olga Fjodorowna, die Lehrerin, traurig wäre, wenn ich nicht mehr käme?" Wasjutka war sich da nicht so sicher. Die Lehrerin hatte es nicht eben leicht. Ihre Schüler kamen von überall her. Alle brachten ihre eigenen Stammesgewohnheiten mit. Die Erstkläßler aus dem Stamm der Ewenken waren besonders wild, denn Ewenken leben noch als Nomaden. Jetzt sollten sich die Kinder in die Ordnung einer Schule fügen! Das fiel ihnen sehr schwer. Stillsitzen hatten sie zwar schon gelernt, aber eher, um draußen einen Fuchs zu jagen, als eingepfercht in einem engen Raum. Zuhören konnten sie auch, aber mehr den Lauten der Taiga, als den Worten einer Lehrerin, und lesen taten sie gerne, nämlich die Spuren im Schnee. Doch was sollten sie mit Buchstaben? Wenn es so einem Dreikäsehoch gefiel, stopfte er sich eine Pfeife und rauchte, als stünde „Rauchen" auf dem Stundenplan. Frau Fjodorowna konnte mit Engelszungen reden und den Kleinen „das ordentliche Benehmen in der Schule" vorhalten, die Ewenken blickten sie nur verständnislos an. Wenn sie ihnen gar die Pfeife wegnahm, verteidigten sie ihren Besitz wie ein Taigaluchs seine Beute.

Wasjutka fachte das Feuer neu an und legte sich auf den Rücken. Er war zu müde, seine Enten aus der Asche zu holen. Über ihm stand der nachtschwarze Himmel. Die Sterne glänzten und zwinkerten ihm zu, als wollten sie ihn locken. Plötzlich war es dem Jungen, als flöge ein Stern auf ihn zu. Ein heller, goldener Streifen fuhr über den Himmel und verschwand im All. „Ein Stern verglüht – also ist ein Menschenleben zu Ende gegangen." Wasjutka glaubte die Stimme des Großvaters zu hören. Vielleicht haben meine Leute daheim die Sternschnuppe auch gesehen? Dieser Gedanke bekümmerte Wasjutka sehr. Er zog sich die Jacke über das Gesicht, und dann übermannte ihn endlich der Schlaf. Als Wasjutka am späten Morgen erwachte, konnte er nichts sehen, keinen See, keinen Himmel, keinen Baum. Rings um ihn stand wieder der klebrige, undurchdringliche Nebel. Nur vom See her hörte er ein lautes, sich wiederholendes Klatschen: die Fische sprangen aus dem Wasser und holten sich Futter. Wasjutka kniete in die Asche und grub die Enten aus. Dann legte er wieder Reisig und dürres Holz auf. Er beugte sich über die glimmende Holzkohle und blies sanft und geduldig, während er die zaghaft aufkommenden Flämmchen mit der Hand gegen jeden Luftzug schützte. Endlich brannte sein Lagerfeuer wieder, und Wasjutka wärmte sich den Rücken. Er beschloß, sich zum Entenbraten ein Stück Brot zu gönnen. Das Brot war vom tagelangen Liegen in der Salztasche wie von einer dünnen Salzkruste überzogen, und das machte das ungewürzte Entenfleisch genießbar.

Wasjutka steckte sich immer einen Brocken Brot und ein Stück Fleisch zusammen in den Mund. Das gute Frühstück gab ihm Kraft, über die Frage nachzudenken, die ihn seit gestern Abend quälte. Wie kommen die Flußfische in den See? Er hatte von den Fischern oft gehört, daß es in der Taiga Seen mit Weißfischen gäbe, aber nur in solchen, die einen Abfluß haben oder zumindest einmal gehabt haben.

Wenn aus diesem See hier ein Fluß käme, so müßte der früher oder später in den Jenissei münden. Alle fließenden Gewässer enden irgendwann im Jenissei. Er schob diesen herrlichen Gedanken von sich: „Nein, nein, bitte nicht daran denken, gestern habe ich auch Hoffnung gehabt und dann statt des rettenden Flusses nur dieses Seelein gefunden."

Er saß und wartete, daß sich der Nebel auflöse. Die Sekunden tropften zäh, die Minuten schlichen dahin. Wasjutka fielen immer wieder die Augen zu, aber durch den oberflächlichen Schlummer hämmerte die Frage: „Wie kommen die Flußfische in den See?"

„Pfui, pfui, ihr Hirngespinste!" schimpfte Wasjutka, als er wieder ganz wach war. „Vielleicht haben Vögel den Fischlaich in ihren Krallen aus dem Fluß hierher getragen, vielleicht, ach zum Waldgeist, diese Grübelei!"

Der Junge sprang auf, kämpfte sich durch das dichte Buschwerk und stolperte im sich lichtenden Nebel das Ufer entlang. Die dritte Ente, die er gestern abgeschossen hatte, war nicht mehr an der alten Stelle. Er wunderte sich nicht besonders. Es könnte sein, daß sie ein Raubvogel weggeschleppt oder eine Wasserratte verspeist hat.

Als sich der Nebel ganz aufgelöst hatte, entdeckte Wasjutka, daß dort, wo die Ufer einander zu berühren schienen, der See noch gar nicht zu Ende war. Es war eine Landenge, die beinahe bis ans jenseitige Ufer zulief und eine schmale Verbindung zu einem anderen, viel größeren See offen ließ. Was Wasjutka gestern entdeckt hatte, war nur eine kleine Bucht dieses großen Sees, der sich jetzt vor den Augen des Jungen öffnete.

„Das ist ja fabelhaft!" freute sich Wasjutka, „da gibt es sicher Fische in Menge!

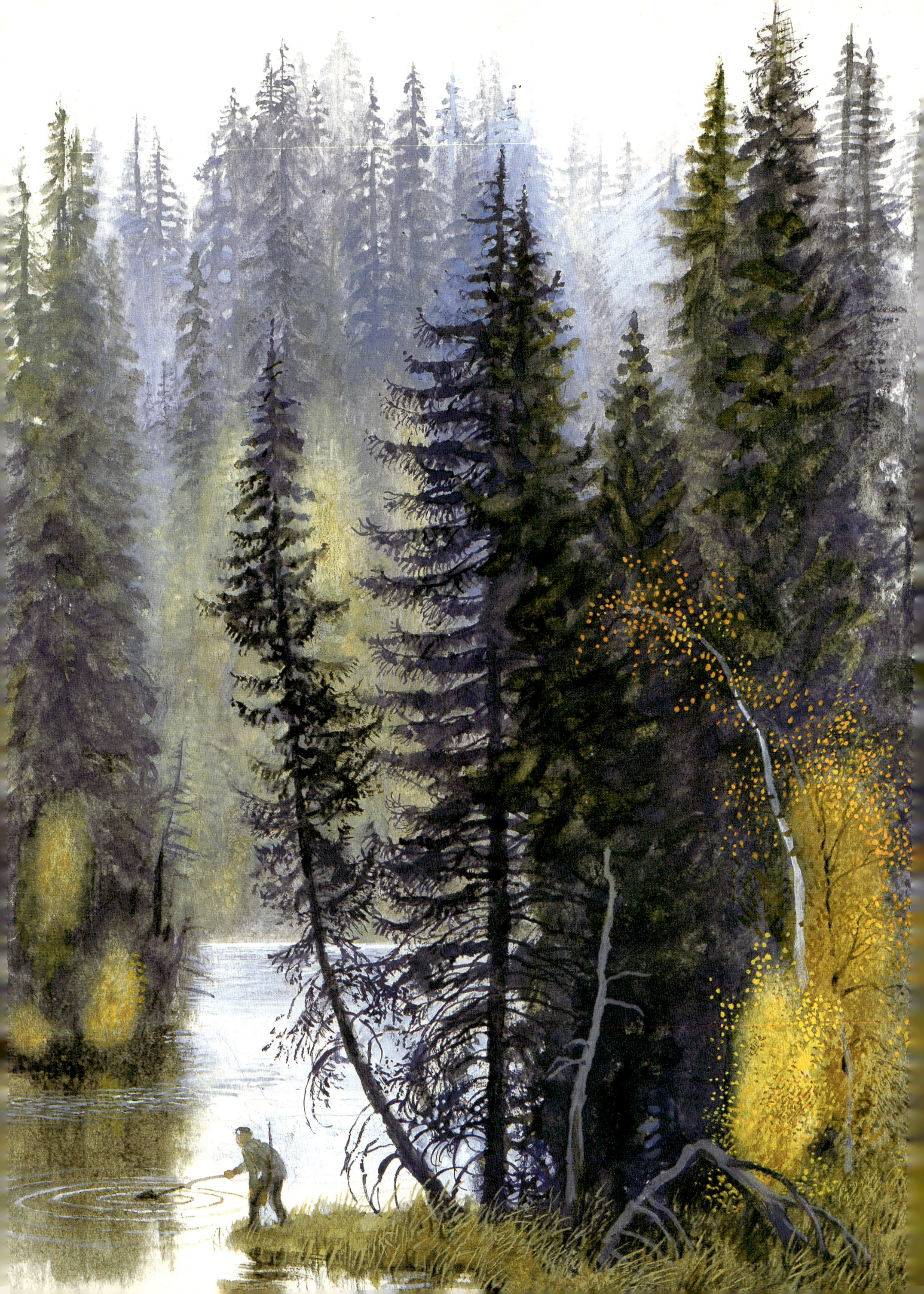

Da bräuchte man die Netze nicht vergeblich im Wasser herumzuschleppen."
Nur hier herauskommen und diese Entdeckung seinem Vater und den Fischern mitteilen können! Er sprach sich Mut zu: „Klar finde ich den Weg nach Hause, ich werde gehen und gehen . . ."
Da sah er plötzlich ein kleines, dunkles Klümpchen, das in der Enge zwischen den beiden Seen schwamm. Er trat ganz nahe ans Wasser und erkannte, daß es eine tote Ente war. Wasjutka erstarrte: „Das wird doch nicht meine Ente sein? Wie ist denn die hierher gekommen?" Mit einem Stock angelte er das Tier zu sich heran. Ja, das war seine Ente, die mit den kirschroten Federn auf dem Kopf. Und Schußwunden hatte sie auch. Meine Ente! Er überlegte fieberhaft. Ja, es war die ganze Nacht windstill gewesen. Die tote Ente hatte sich aus der Bucht in Richtung des Sees bewegt, war also von ihrem Platz weggetrieben worden. Das bedeutete: Der See hat eine Strömung, er hat einen Auslauf!
Eine große Zuversicht erfüllte Wasjutka und gab ihm neue Kraft. Die Angst, daß er einem Trugschluß gefolgt sei, keimte auf, aber er verdrängte sie. Er hüpfte von einem Sumpfhügel zum andern – dem Seeufer entlang. Einmal schwang sich dicht vor ihm ein Auerhahn hoch und ließ sich auf einem Ast nieder. „Mit deinesgleichen laß ich mich nicht mehr ein, Brüderchen! Vor mir bist du sicher!" rief ihm Wasjutka zu.
Später kam Wind auf. Die Tannen begannen sich zu wiegen, und die alten, ausgetrockneten Bäume, die ihre Zeit abgelebt hatten, knarrten und ächzten. Über dem See kreiste wie ein aufgeschreckter Vogelschwarm dürres Laub, das der Wind vom Boden hochgeblasen hatte. Die Eiderenten quakten und verkündeten Regen. Der See wurde wellig. Die Schatten auf dem Wasser bewegten sich, und die Sonne verschwand hinter den Wolken. Es wurde kalt.
Weit vorne entdeckte Wasjutka die gelbe Spur eines Laubwaldes, die sich in die Taiga hineinzog. Also dort müßte das Flüßchen sein! Vor Aufregung wurde sein Mund ganz trocken. Er ging schneller voran. Er wagte es nicht mehr, seinen Blick von diesen Laubbäumen zu wenden. Er beugte sich nicht einmal zum Wasser nieder, um zu trinken. „Was wäre, wenn ich den Kopf hebe und die gelbe Spur nicht mehr sähe?" Nach etwa einem Kilometer verschwand das Dikkicht aus Schilf, Sumpfgras und kleinen Büschen. Wasjutka hielt den Atem an: Er stand an einem hohen, steilen Ufer, das kaum bewachsen war. Das ist das Flüßchen, ich täusche mich nicht! Dieses Gewässer wird mich zum Jenissei bringen. Es wird! Sonst bin ich verloren! Plötzlich sank sein Hochgefühl wieder ab. Es muß! Ihm drehte sich der Magen um, er erbrach sich.
Halb besinnungslos rannte er weiter, riß ein paar wilde Johannisbeeren ab und aß sie samt den Stengeln, um die Übelkeit zu überwinden. Die Säure zog seinen

Mund zusammen und brannte auf der Zunge, die von den Schuppen der Kiefernzapfen zerkratzt war.

Es fing an zu regnen. Zuerst fielen große, einzelne Tropfen, die sich in kurzer Zeit zu langen, kalten Schnüren verbanden. Wasjutkas Jacke war bald mit Wasser vollgesogen. Er ging weiter, zog die Schultern hoch, und das Wasser floß über ihn hinunter.

In einem Eschenhain entdeckte er eine dichte Rottanne, deren Äste bis auf den Boden reichten. Er kroch unter die Zweige und kauerte sich zitternd auf den Boden. Der Hunger nagte in seinen Eingeweiden, aber er schaffte es nicht mehr, die Ente auszupacken, zu rupfen und zu braten. Da dachte er an sein Brot. Er brach es in zwei Teile. Den kleineren Teil steckte er wieder tief in den Rucksack. Das Brot war schon sehr trocken, und um länger etwas davon zu haben, zerbiß er es nicht, sondern lutschte daran. Aber dann konnte er sich nicht länger beherrschen. Gierig riß er das letzte Stückchen Brot aus dem Sack, und kaum kauend verschlang er es.

Der Regen wollte und wollte nicht aufhören. Der Wind schüttelte die Fichte, und die kalten Wassertropfen fielen dem Jungen auf Gesicht und Hände, rannen hinter dem Kragen den Rücken hinunter. Wasjutka rollte sich zusammen. Die Augenlider wurden ihm schwer, als ob Gewichte daran hingen, solche, die man braucht, um die Fischernetze in die Tiefe zu ziehen.

Die Nacht war endlos. Immer wieder kam der Junge zu sich und öffnete einen Spaltbreit die Augen. Nichts als Regen, Nacht und Finsternis. „Ach Regen, hör doch endlich auf!" bettelte er, aber der Regen hatte kein Erbarmen.
Wasjutka schob die Hände in die Ärmel, schmiegte sich noch dichter an den Baumstamm und fiel wieder in einen bleiernen Schlaf.
Beim Morgengrauen kroch er halb erstarrt unter seiner Fichte hervor. Er versuchte, seine klammen Finger warmzuhauchen und machte sich wieder einmal auf die Suche nach trockenem Holz.
Der Espenhain hatte sich über Nacht vollständig entlaubt. Wie dünne Scheiben von roten Rüben lagen die dunkelroten Espenblätter auf dem Waldboden. Das Flüßchen führte Hochwasser. Im Wald war alles Leben verstummt. Sogar die Häher schwiegen.
Mit seiner wattierten Jacke schützte Wasjutka ein Häufchen Reisig und ein Stückchen Birkenrinde vor dem Wind. Er hatte noch vier Streichhölzer. Er hielt den Atem an, als er den Zündkopf über die Reibfläche der Streichholzschachtel strich. In der hohlen Hand gab er dem zaghaften Flämmchen die Möglichkeit, sich zu stärken und hielt es an die Birkenrinde. Sie fing Feuer, krümmte sich und rollte zu einem Röhrchen zusammen. Bald brannte sie mit heller Flamme. Wie ein kleines, schwarzes Schwänzchen stieg der Rauch empor. Die feuchten Zweige zischten und knackten, aber sie brannten an. Wasjutka zog seine zerrissenen Stiefel aus und nahm die schmutzigen Binden ab, mit

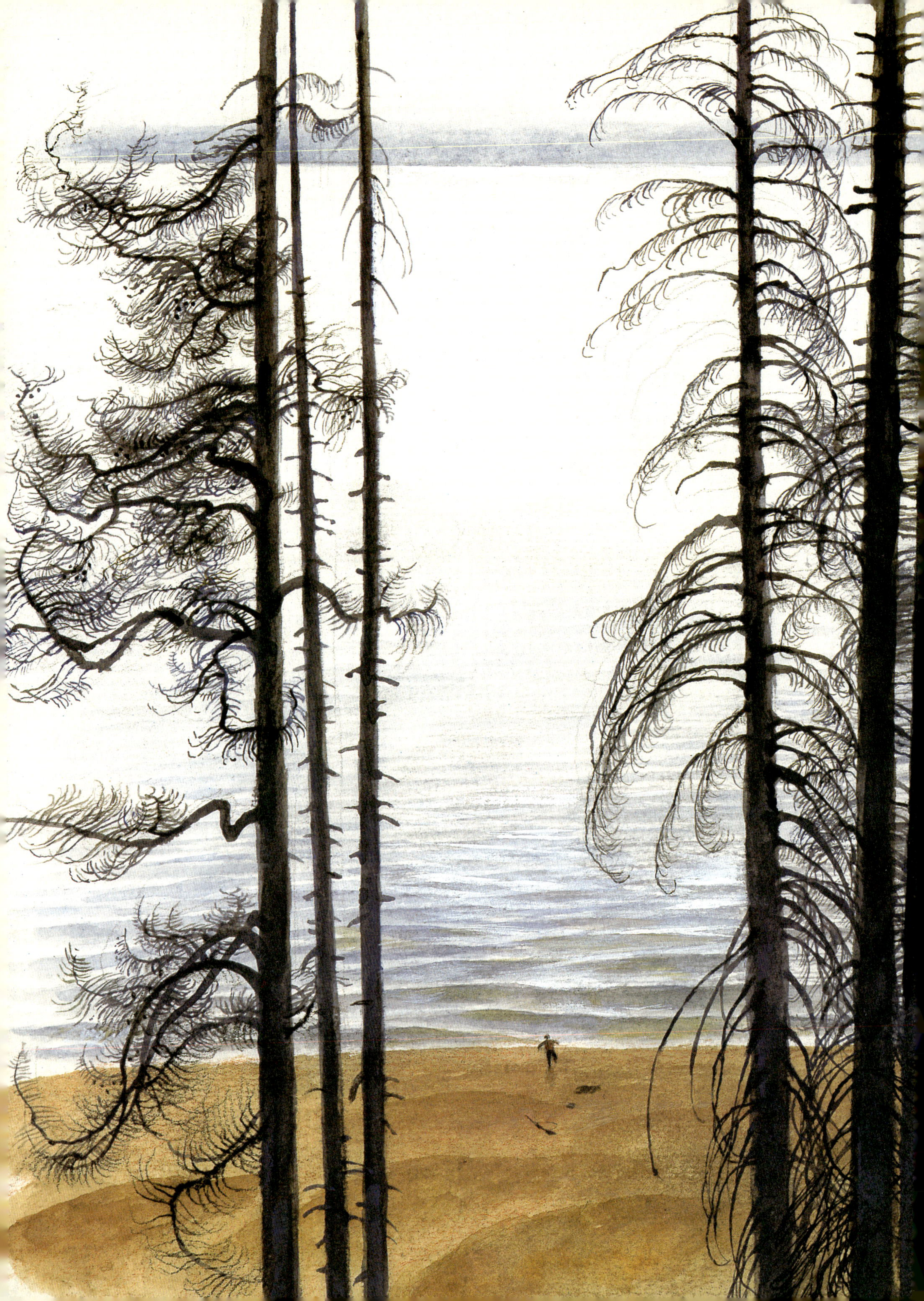

denen seine Füße umwickelt waren. Die Haut war aufgeweicht und runzelig. Er wärmte die Füße über dem Feuer, dann trocknete er die Binden und die Stiefel. O Schreck! Die Sohle hielt nur noch mit drei Nägelchen am Schuh. Kurz entschlossen riß er die Bündchen seiner Unterhose ab und band damit die Sohle fest.

Während Wasjutka begann, sich an seinem Lagerfeuer ein bißchen wohler zu fühlen, hörte er einen seltsamen Laut. Wasjutka lauschte. Nach einer Sekunde wiederholte sich dieser Ton. Ohne Zweifel war das kein Geräusch, wie es die Natur hervorbringt, das war ... lang, kurz, kurz, kurz ... das war eine Schiffssirene! Ein Dampfer! Doch weshalb kam dieses Hupen aus der falschen Richtung, vom See her? Ein Lächeln malte sich auf Wasjutkas Gesicht: Taiga, ich habe deinen Zaubertrick durchschaut! Ein Hupton hallt immer von der nächstgelegenen Wasserfläche wider, hier also vom See. Tatsächlich aber tönt die Sirene auf dem Jenissei! Diesmal war sich Wasjutka seiner Sache sicher, und kein Zweifel quälte ihn mehr. Das Hupen kam vom Jenissei, der Jenissei war nicht mehr weit. Er sprang hoch und rannte, rannte als hätte er eine Fahrkarte für diesen Dampfer. Um die Mittagsstunde scheuchte er ein paar Gänse hoch. Er schoß eine, aber nahm sich nicht die Zeit, sie in heißer Erde zu braten. Er steckte sie vielmehr auf einen Stock, der als Bratspieß diente, und ehe das Fleisch ganz gar war, verschlang er ein paar halbrohe Bissen und machte sich weiter auf den Weg. In seiner Tasche hatte er jetzt noch zwei Streichhölzer und etwas angebratenes Gänsefleisch. Trotz des Dickichts ging Wasjutka immer dicht am Fluß. Zwei- oder dreihundert Meter weiter im Land drinnen wäre er im lichten Wald leichter vorwärts gekommen, aber er hatte große Angst, den Fluß zu verlieren. Stundenlang kämpfte sich der Junge vorwärts. Er sah und hörte nichts mehr um sich herum außer das braune, brodelnde Wasser des Flusses an seiner Seite.

Immer wieder mußte er der Versuchung widerstehen, sich einfach hinzulegen und zu schlafen, um die Kälte und den Hunger und die schmerzenden Füße nicht mehr zu spüren.

Langsam wurde das Gebüsch lichter, und plötzlich zeigte sich das flache Ufer eines breiten Flusses. Wasjutka erstarrte, es verschlug ihm den Atem: so schön, so breit, so herrlich – der Jenissei! Der Junge rannte vorwärts, fiel auf die Knie und trank mit gierigen Schlucken. Er platschte mit den Händen ins Wasser, tauchte sein Gesicht ein. Mein lieber, guter, großer Jenissei! Nie hatte Wasjutka den Fluß für etwas Besonderes gehalten. Er war ihm eher unfreundlich und bedrohlich erschienen. Jetzt aber kam er als der große Retter, der Helfer in äußerster Not. „Mein Jenisseichen, mein Jenisseichen!" Vor Freude war Wasjutka wie von Sinnen. Mit seinen schmutzigen, nach Rauch riechenden Händen wischte er sich die Tränen vom Gesicht, er hüpfte und warf den Sand handvollweise in die Luft.

Schwärme von Möwen flogen vom Ufer auf und kreisten mit zornigem Geschrei über dem Fluß.

Ganz plötzlich kam Wasjutka wieder zur Besinnung. Er hörte auf zu schreien und schaute sich um. Es war niemand zu sehen. In welche Richtung sollte er nun gehen, flußaufwärts oder flußabwärts? Es war nicht auszudenken: „Da stehe ich nun, und mein Haus ist vielleicht ganz in der Nähe, und drin warten Mutter, Großvater und Vater auf mich, und ich weiß nicht, ob ich nach Norden oder Süden gehen soll." Es blieb Wasjutka nur eines: zu sitzen und zu warten bis jemand vorbeikam.

Das konnte lange dauern, denn im Unterlauf des Jenissei gibt es nicht viele Schiffe. Wasjutka schaute sich die Augen aus, nach oben, nach unten. Die Ufer gingen in der Ferne aufeinander zu, trafen sich und verflossen im Irgendwo. Endlich zeigte sich flußaufwärts ein Rauchwölkchen wie von einer Zigarette. Das Wölkchen wurde größer, und bald sah man unter ihm einen dunklen Punkt. Das mußte ein Dampfer sein! Wasjutka wußte, es würde lange dauern, bis das Schiff nahe genug war, daß die Besatzung ihn sehen konnte.

Damit ihm die Wartezeit schneller verging, begann der Junge, sich zu waschen. Was für ein Gesicht blickte ihm aus dem Wasserspiegel entgegen! Die Augenbrauen waren buschiger geworden, Kinn und Backenknochen standen hervor. Die Lippen bluteten aus winzigen Rissen. „Freundchen, du siehst vielleicht aus!" sagte Wasjutka zu seinem Spiegelbild. „Was wäre geschehen, wenn das Herumirren noch lange gedauert hätte!"

Langsam konnte Wasjutka erkennen, daß der Dampfer ein Personenschiff war, und endlich gelang es ihm auch, die Aufschrift zu lesen. Er las laut „Sergo Ordschonikidse". Immer wieder las Wasjutka den Namen. Was war es für ein Genuß, Buchstaben zu sehen und zu lesen! Auf den Decks bewegten sich kleine, dunkle Figürchen, die Passagiere. Wasjutka lief am Ufer hin und her. Er schwenkte seine Jacke und schrie wie von Sinnen: „Hei, legt an, nehmt mich mit, Hilfe, Hiiilfe!" Einer der Passagiere winkte ihm freundlich zu. Aber das

Schiff fuhr seine Bahn weiter und zog an ihm vorbei. Fassungslos verfolgte Wasjutka den Dampfer, und dann machte er seinem Ärger Luft: „Und ihr wollt Seeleute sein! Sergo Ordschonikidse nennt ihr stolz euer Schiff, aber einem armen, verirrten Menschen wollt ihr nicht helfen!" Wasjutka wußte wohl, daß auf dem langen Weg von Krasnojarsk herunter viele Leute am Ufer stehen und winken, ohne daß sie Hilfe bräuchten.

Woher sollte der Kapitän wissen, daß Wasjutka in Not war? Es war alles so gut erklärbar, aber trotzdem zum Verzweifeln.

Wasjutka blieb nichts anderes übrig, als wieder Holz zu sammeln und sich ein Lagerfeuer anzuzünden.

Diese Nacht war die längste und unruhigste seiner Reise. Im Halbschlaf hörte Wasjutka das Aufschlagen von Rudern, dann wieder das Rattern eines Motorbootes. Sobald er genau aufmerkte, war da nur das Plätschern der Wellen am Ufersand. Im Morgengrauen drang aber doch ein regelmäßiges Tuck, Tuck, Tuck an Wasjutkas Ohr. Das konnte nur das Tuckern eines Fischerbootes sein; diesen Ton kannte der Sohn des Fischerbrigadiers ganz genau. „Ist es möglich, ich habe es geschafft!" Wasjutka sprang auf und schrie sich seine Aufregung aus dem Leibe: „Es knattert, es knattert, ein Fischerboot kommt!" Dann raffte er seine Habseligkeiten zusammen und lief ans Ufer, dem Boot entgegen. Plötzlich rannte er wieder zurück, warf seinen ganzen Holzvorrat und was immer an Brennbarem herumlag, ins Feuer, daß es hoch auflodere und die Funken flogen. Jetzt erst zeigte sich in der Morgenröte die plumpe Silhouette eines Bootes. Wasjutka schrie mit der Kraft des Verzweifelten: „Auf, Boot, komm, halt an! Ich habe mich verirrt! Hei, Onkelchen, hei, Steuermann! SOS, rettet mich!" Dann erinnerte er sich an sein Gewehr und verschoß drei Patronen. Peng, peng, peng! knallte es in die Morgenstille.

„Wer schießt denn da?" fragte eine Stimme durch ein Sprachrohr. „Das bin ich, Wasjutka, der Sohn des Gregori, legt an, holt mich, holt mich!"

Vom Boot her drangen Stimmen, und der Motor klang dumpfer, als ob man ihm die Kehle mit Werg verstopfte. Dann ertönte ein Klingeln, und immer wieder schrie Wasjutka: „Onkelchen, nicht wegfahren! Nehmen Sie mich mit, nehmen Sie mich mit!"

Eine Schaluppe löste sich vom großen Boot und hielt direkt auf die Küste zu. Wasjutka sprang in den Fluß und watete dem Boot entgegen. Bald reichte ihm das Wasser bis zur Brust. Er hob das Gewehr über den Kopf und schluchzte: „Ich habe mich verirrt. Rettet mich!"

Nachdem man ihn in die Schaluppe hinaufgezogen hatte, drängte er: „Schneller, Onkelchen, fahr schneller, sonst schwimmt das Boot weg! Gestern ist der Dampfer auch so schnell weggewesen!"

„Du, Junge, bist du ganz verrückt geworden?" hörte er eine tiefe Stimme vom Heck der Schaluppe. Wasjutka erkannte an der seltsamen ukrainischen Aussprache Onkel Koljada. „Onkelchen Koljada! Das sind Sie? Ich bin der Wasjutka!"

„Welcher Wasjutka?"

„Der Sohn des Gregori, des Fischerbrigadiers."

„Wie um alles in der Welt bist du hierher gekommen?"

Später, als Wasjutka im dunklen Zwischendeck saß und erzählte, klopfte sich Onkel Koljada auf die Schenkel und rief: „Ei, du verrückter Junge, wozu brauchtest du einen Auerhahn? Dein Vater und deine Mutter sind sicher außer sich vor Aufregung!"

Wasjutka hatte den Mund voll Brot und getrocknetem Stör. Er kaute, schluckte: „Und erst der Großvater!"

Koljada ließ sein lautes Lachen hören:

„Du gefällst mir, denkst noch in der schwierigen Lage an den Großvater. Weißt du eigentlich, wie weit du von zu Hause weg warst?" Fragend und kauend blickte Wasjutka Onkel Koljada an und schüttelte den Kopf.

„Sechzig Kilometer unterhalb eures Lagers!" Wasjutka fragte zwischen zwei Bissen: „So weit?"

„Ja, so weit. Und jetzt leg dich schlafen, du verlorener Sohn." Und bald schlief Wasjutka tief und fest, eingehüllt in eine Decke und in sämtliche Kleidungsstücke, die es unter Deck gab.

Koljada blickte ihn liebevoll an und murmelte: „Da schläft er nun selig, unser Auerhahnheld, und die Eltern kommen um vor Sorge." Er eilte zum Steuermann hinauf und gab ihm den Befehl, nirgends mehr Halt zu machen und sofort die Hütte des Fischerbrigadiers Gregori anzusteuern.

„Wird gemacht, Genosse Oberst, der Junge kommt so schnell wie möglich nach Hause!"

Sobald das Schiff sich dem Lagerplatz der Fischerbrigade näherte, ließ der Steuermann die Sirene heulen. Ein ohrenbetäubender Lärm hallte über den Fluß bis weit ins Land hinein. Nur einer hörte ihn nicht: Wasjutka. Er lag in seiner Kajüte und schlief den Schlaf des Gerechten.

Großvater Afanasi eilte zum Ufer und half, das Boot mit dem dicken Tau festzumachen.

„Warum sind Sie heute so allein?" fragte der wachhabende Matrose beim Auslegen der Gangway.

„Frag mich nicht, junger Mann", antwortete der alte Mann betrübt, „ein solches Unglück hat uns getroffen! Wasjutka, mein Enkel, ist seit fünf Tagen vermißt. Ach, was für ein Junge das war!"

„Warum war? Du willst ihn zu früh begraben! Du wirst noch deine Urenkel hüten müssen!" Zufrieden über das Erstaunen, das sich in der Miene des Großvaters spiegelte, lächelte der Matrose und klärte den Alten auf: „Wir haben Ihren Enkel gefunden, er liegt im Bett des Kapitäns und schläft sich aus."

Der Großvater zuckte zusammen und ließ seinen Tabaksbeutel fallen, aus dem er gerade die Pfeife gestopft hatte.

„Du, junger Mann, mach dich nicht lustig über mich! Wie soll denn Wasjutka zu euch aufs Boot gekommen sein?"

„Ich sage die Wahrheit. Wir haben Ihren Enkel am Ufer des Jenissei aufgelesen. Er hat einen Krach gemacht, als hätte er den Teufel im Leib."

„Erzähl mir bloß keine Märchen! Wo ist Wasjutka? Geht es ihm gut?"

Der Matrose lachte: „So viele Fragen auf einmal. Ja, er ist unversehrt, der Oberst ist gerade dabei, ihn wachzurütteln."

Großvater Afanasi lief zur Gangway, dann besann er sich anders. Er machte auf dem Absatz kehrt und lief, so schnell ihn seine gichtigen Beine trugen, auf die Hütte zu: „Anna, Anna, unser Junge ist wieder da! Wo bist du denn? Lauf schnell, Wasjutka lebt!" In ihrer buntge-

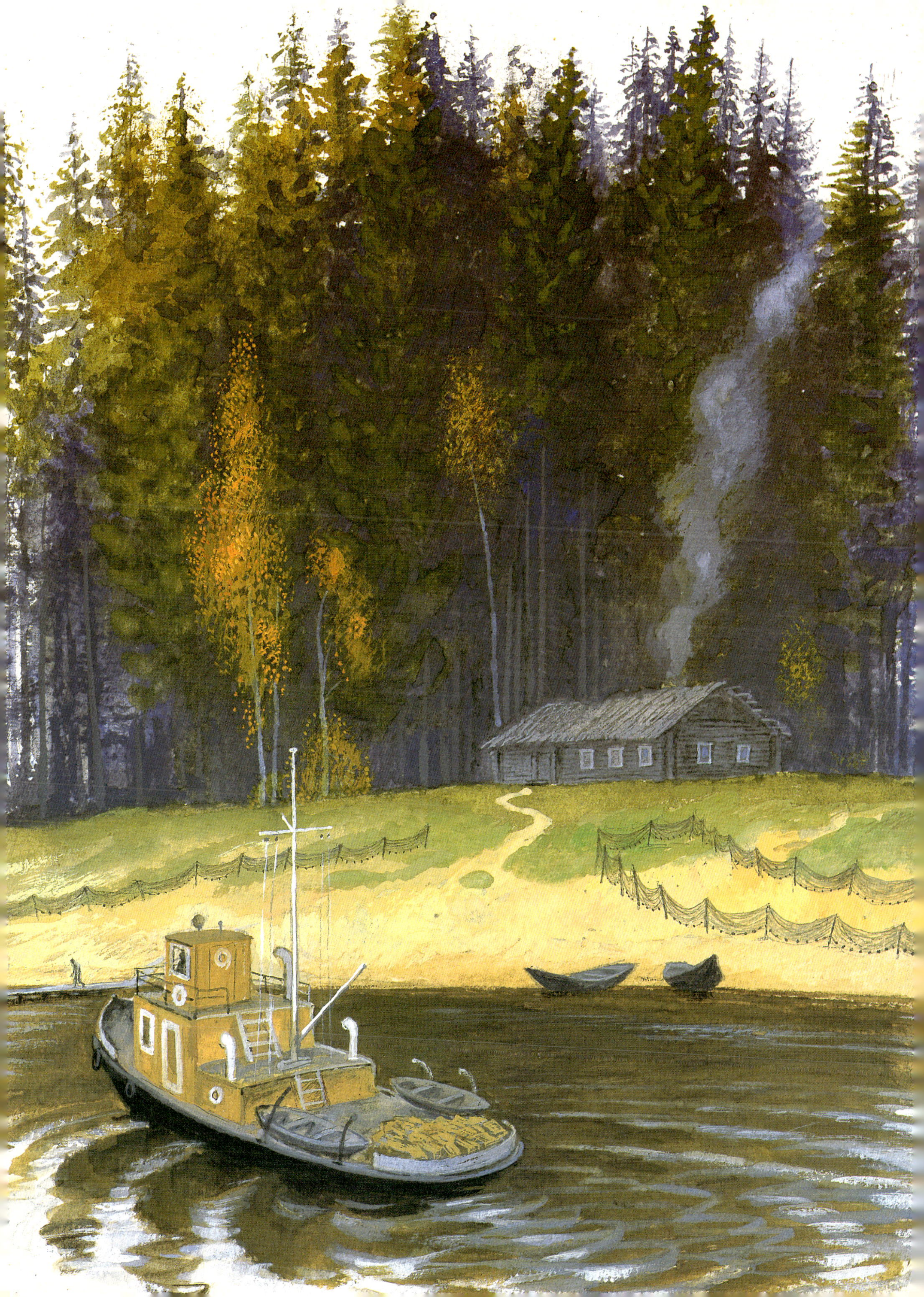

blümten Schürze und mit verrutschtem Kopftuch kam Wasjutkas Mutter herbeigelaufen. Als sie ihren Sohn sah, der gerade die Gangway herunterlief, mager, in zerrissenen Kleidern, aber heil und gesund, da versagten ihr die Beine. Mit einem Schrei fiel sie auf die Knie und streckte Wasjutka die Arme entgegen. Und nun war der Junge wieder zu Hause. In der Schlafstube war es mollig warm, aber die Mutter hatte ihn trotzdem mit zwei wattierten Steppdecken und einem Hirschpelz zugedeckt.

Wasjutka genoß es, wie Mutter und Großvater sich um ihn bemühten. Die Mutter hatte ihn mit Spiritus eingerieben, um die drohende Erkältung auszutreiben, der Großvater hatte geheimnisvolle Kräuter gemischt und ihn überredet, das heilsame Gebräu zu schlucken.

„Vielleicht möchtest du noch etwas essen?" Zärtlich wie einen Kranken fragte ihn die Mutter.

„Oh nein, ich kann nicht mehr."

„Vielleicht ein Löffelchen Heidelbeermarmelade? Die magst du doch so!"

„Also gut!"

„Iß, iß!" Großvater streichelte ihm übers Haar: „Ach, Wasjutka, Wasjutka, wie konntest du dich so verirren? Und wenn es schon geschehen war, hättest du nicht herumirren sollen, sondern auf der Stelle bleiben. Wir hätten dich dann sicher gefunden. Nun gut, das ist jetzt

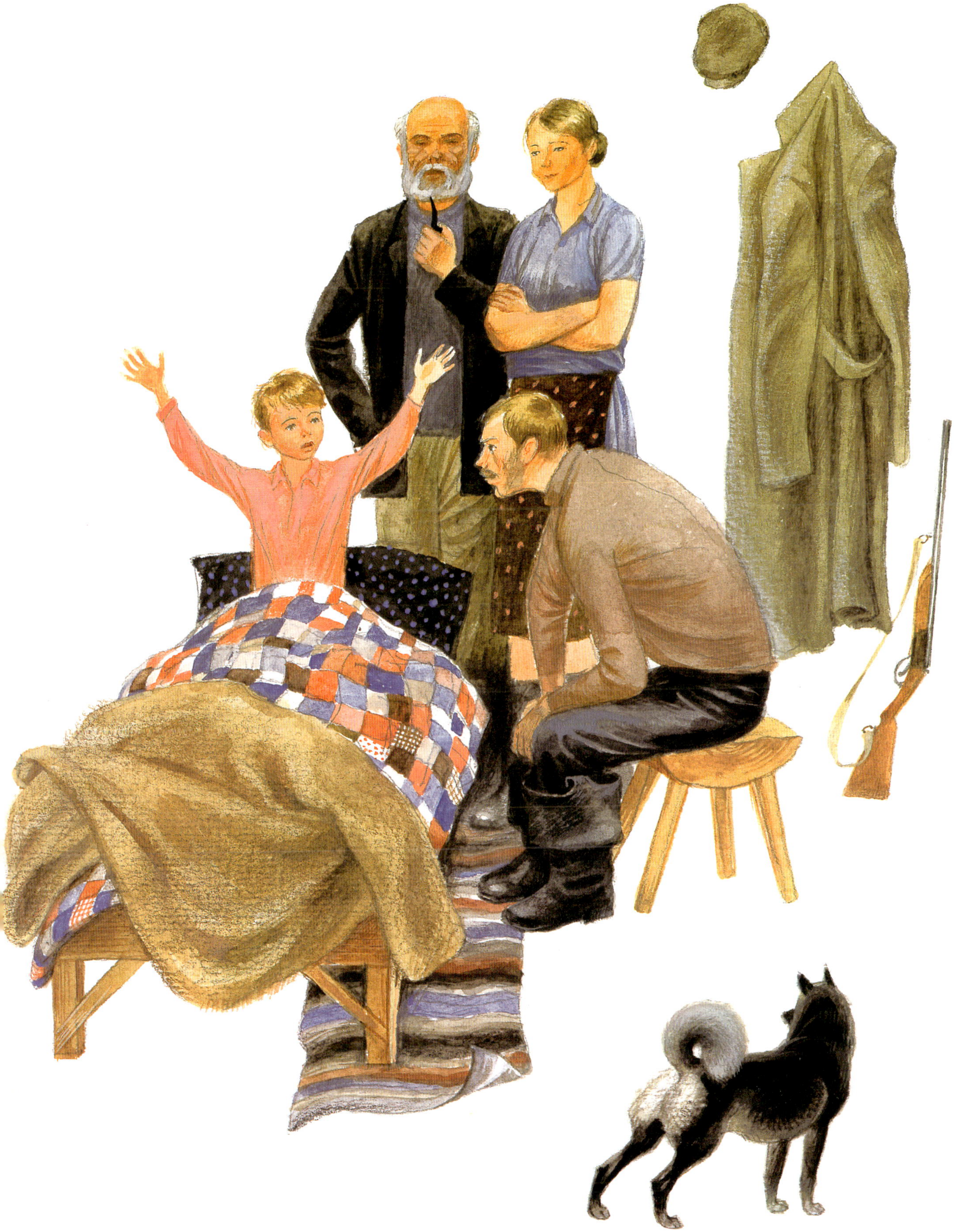

vorbei. Durch Schaden wird der Mensch klug. Aber den Auerhahn, sagst du, hast du getroffen? Das ist prima! Wir kaufen dir nächstes Jahr ein neues Gewehr. Du wirst eines Tages noch einen Bären zur Strecke bringen! Wasjutka, du wirst dich noch an meine Worte erinnern."

Erregt unterbrach ihn die Mutter: „Auf keinen Fall, ach du meine Güte, bekommt der Junge ein neues Gewehr. Wenn Sie mit einem Gewehr daherkommen, lasse ich Sie nicht einmal in die Nähe des Hauses. Kaufen Sie ihm eine Ziehharmonika oder ein Radio, aber niemals ein Gewehr, das laß ich nicht zu!" „Weibergeschwätz!" winkte der Großvater ab. „Was ist da schon dabei, daß der Junge ein bißchen irregelaufen ist? Wenn es nach dir ginge, dürfte man jetzt überhaupt nicht mehr in den Wald gehen." Er zwinkerte Wasjutka zu. „Laß dich nicht aus der Ruhe bringen, du kriegst ein neues Gewehr und fertig."

Die Mutter wollte gerade noch etwas sagen, da hörte sie im Hof den Gruschok bellen und lief hinaus. Aus dem Wald trat müde, mit hängenden Schultern und in einem nassen Regenmantel Gregori Afanasewitsch. Seine Augen lagen tief in den Höhlen. Fremd wirkte sein Gesicht mit dem dunklen, seit Tagen sprossenden Bart. „Alles umsonst!" Verzweifelt ließ er die Hände sinken. „Er ist nicht aufzufinden, der Junge..." Die Mutter ließ ihn nicht ausreden: „Wir haben ihn, er ist gefunden worden. Er liegt da drin!"

Gregori Afanasewitsch ging auf seine Frau zu und faßte sie mit beiden Händen an den Schultern. Lange brachte er kein Wort heraus. Dann fragte er: „Warum denn jetzt weinen? Wenn er da ist, ist alles gut. Wozu dann Tränen? Ist er gesund?" Und ohne eine Antwort abzuwarten, eilte er ins Haus. Seine Frau rief ängstlich: „Du, Grischa, sei nicht so streng mit ihm. Er hat noch einen Schock. Er hat so manches erzählt, da habe ich Angst bekommen."

„Schon gut, du brauchst mich nicht zu belehren!"

Gregori ging ins Haus, stellte das Gewehr in die Ecke und legte seinen Regenmantel ab. Wasjutka streckte den Kopf aus den Decken heraus und schaute seinen Vater ängstlich und erwartungsvoll an. Der Großvater Afanasi zog an seiner Pfeife und hustete.

„Wo bist du, du Landstreicher?" Der Vater drehte sich zu Wasjutka um, sein Mund verzog sich zu einem kaum wahrnehmbaren Lächeln. „Da bin ich!" Wasjutka schlug die Decken zurück und lachte glücklich. „Mamka hat mich eingehüllt wie ein kleines Kind, aber ich bin doch gar nicht erkältet. Fühl mal!" Er nahm die Hand seines Vaters und führte sie an seine Stirne. Gregori Afanasewitsch drückte den Sohn an sich und klopfte ihm auf die Schulter: „Jetzt red' nicht so schnell, du Schelm! Du hast uns alle in Aufregung gebracht! Erzähle doch, wo hast du dich herumgetrieben?"

„Er erzählt immer wieder von irgendeinem See", sagte Großvater Afanasi dazwischen, „es gäbe in ihm unglaublich viele Fische."

„Fischseen kennen wir auch ohne ihn, die Frage ist, wie man dahingelangt."

„Das ist es ja gerade: Zu diesem kommt man mit Booten, weil ein Flüßchen aus ihm herausfließt, bis zum Jenissei."

„Flüßchen sagst du?" Gregoris Gesicht hellte sich auf. „Interessant! Komm, komm, erzähl schnell, was für einen See du gefunden hast!"

Zwei Tage später ging Wasjutka wie ein echter Taigaführer am Ufer des Flüßchens entlang, und die ganze Fischerbrigade kam mit Booten hinter ihm her.

Es war richtiges Herbstwetter. Zottige Wolken trieben über den Bäumen. Der Wald rauschte. Vom Himmel hörte man das unruhige Geschrei der Vögel, die nach Süden zogen.

Wasjutka fühlte jetzt keine Angst mehr vor dem bösen Wetter. Er trug Gummistiefel und eine Windjacke, und sein Vater war bei ihm. Der Junge hatte Mühe, mit ihm Schritt zu halten, aber er erzählte ununterbrochen: „Die Enten flogen alle hoch und ich schoß. Zwei sind auf der Stelle heruntergekommen, die dritte schleppte sich noch ein bißchen weiter

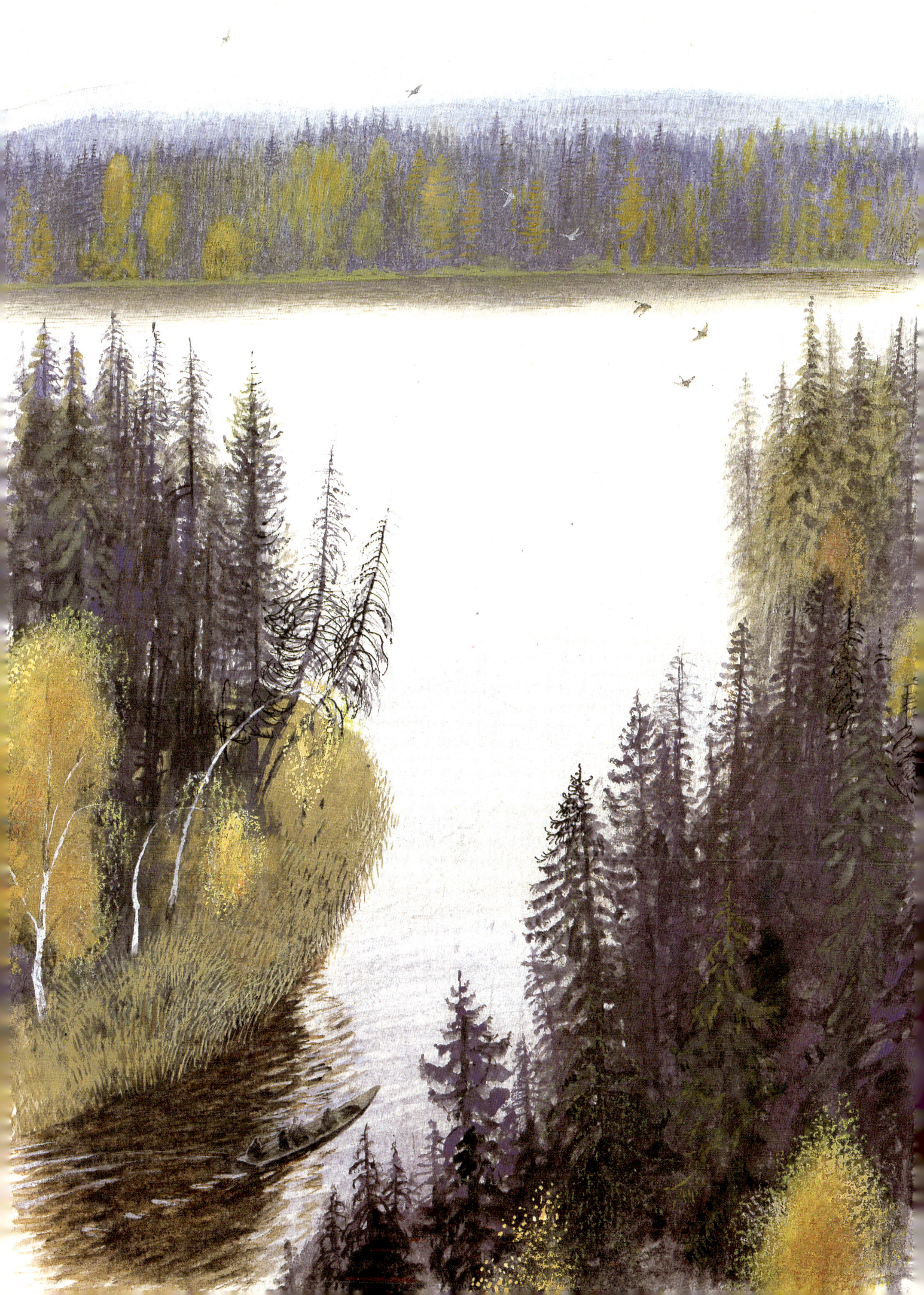

zur Seite, aber ich habe sie nicht gleich geholt, ich war zu müde." An Wasjutkas Stiefeln klebten nasse Erdklumpen. Er war müde, durchgeschwitzt, und immer wieder setzte er sich in Trab, um mit dem Vater Schritt zu halten. „Weißt du, ich habe sie im Fliegen getroffen, die Enten..."

Der Vater reagierte nicht. Wasjutka lief wieder eine Weile schweigend neben ihm her. Dann fing er noch einmal an: „Weißt du? Sie im Fliegen zu schießen, ist besser: Man trifft dann gleich mehrere!"

„Gib nicht so an!" sagte der Vater streng und schüttelte den Kopf. „Woher du nur deine Prahlsucht hast! Ach du liebe Not!" Wasjutka sagte kleinlaut: „Ich gebe doch nicht an. Wenn es wahr ist, warum sollte ich dann prahlen?"

Der Vater antwortete nicht, und Wasjutka wechselte verlegen das Gesprächsthema.

„Schon bald, Papa, wird die Fichte zu sehen sein, unter der ich übernachtet habe. Ach, war es damals kalt!"

„Mag sein, aber jetzt bist du verschwitzt. Geh hinunter, geh zum Großvater ins Boot und erzähl ihm von den Enten. Er liebt solche Geschichten. Geh jetzt, geh!"

Wasjutka blieb zurück und wartete auf das Boot, das die Fischer an einer Leine hinter sich herzogen. Sie waren alle sehr müde, und Wasjutka schämte sich, in das Boot einzusteigen. Er half den Fischern beim Ziehen.

Sobald in der Ferne der breite, in der dichten Taiga verborgene See zu sehen war, sagte einer von den Fischern: „Da ist Wasjutkas See."

So kam es, daß die Leute den neuentdeckten See „Wasjutkasee" nannten.

Der See war tatsächlich reich an Fischen. Die Brigade des Gregorij Schadrin stellte sich auf Taigaseefischfang ein. Im Winter wurde ein Häuschen gebaut. Die Fischer brachten Kisten, Salz und Netze dahin und richteten einen ständigen Stützpunkt für Seefischfang ein. Es gelang ihnen nun ganz einfach, so viele Fische zu fangen, wie es ihnen im Plan vorgeschrieben war, und noch viel mehr.

Auf der nächsten Ausgabe der Kreislandkarte war ein neues, blaues Pünktchen zu sehen, so groß wie ein Fingernagel. Es trug die Bezeichnung „Wasjutkasee".

Auf der Gebietslandkarte war das blaue Fleckchen nur noch so winzig klein wie ein Stecknadelkopf und schon ohne Namen.

Auf der Landkarte Sibiriens könnte diesen See vielleicht nur noch Wasjutka selbst finden.

Vielleicht habt ihr schon einmal auf einer Landkarte im Bereich des unteren Jenissei jene blauen Fleckchen entdeckt, die aussehen, als hätte ein nachlässiger Schüler mit einer Feder voll blauer Tinte gekleckst. Unter diesen Tintenspritzern ist ein Pünktchen, das den Namen „Wasjutkasee" trägt.

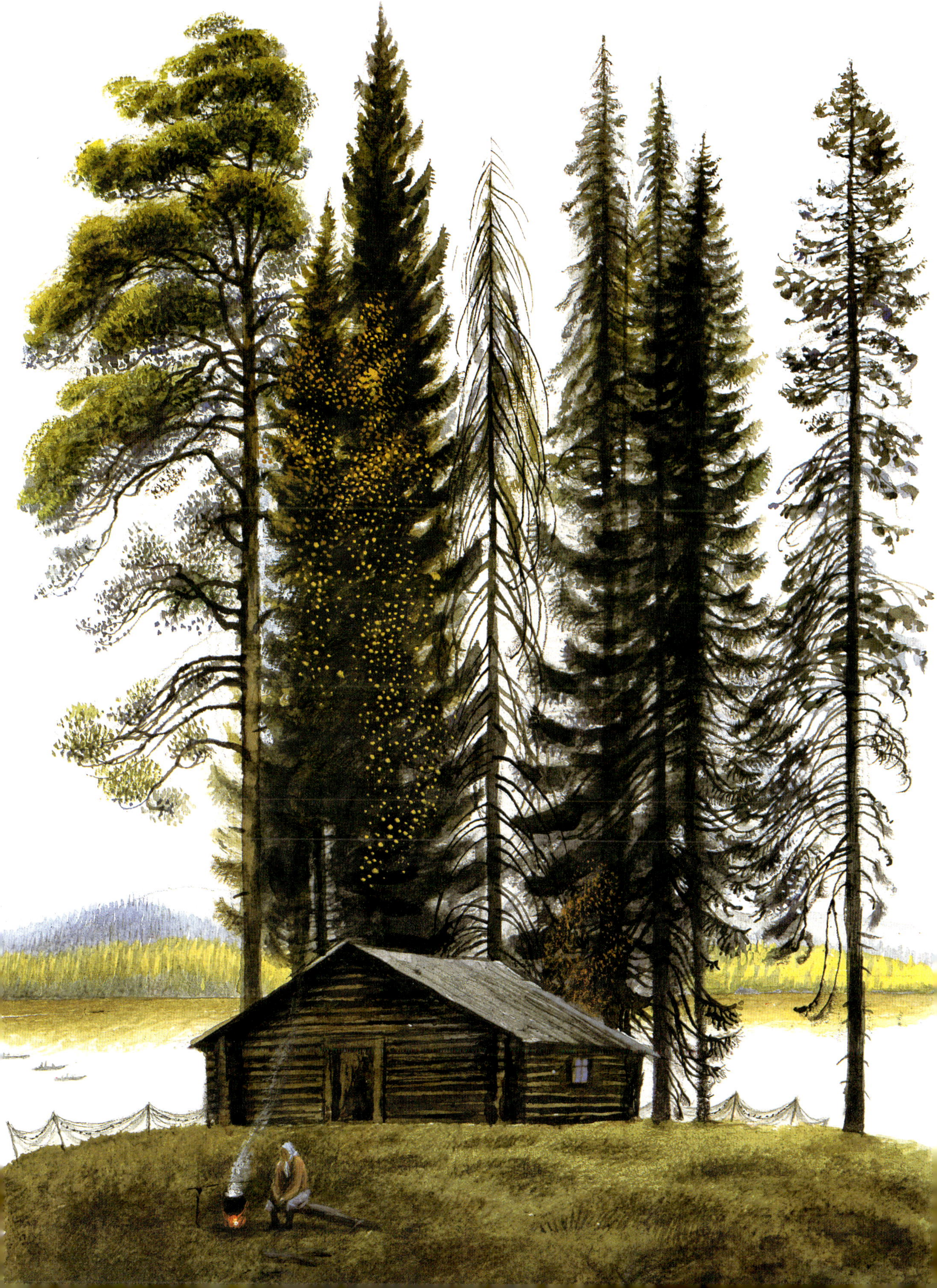